1週間に1つずつ。

毎日の暮らしが輝く 52の習慣

ブレット・ブルーメンソール 著

手嶋由美子&ディスカヴァー 訳

52 Small Changes for the Mind

Discover
ディスカヴァー

――はじめに――

新しい自分にめぐりあう52のささやかな習慣

本書では、ささやかながらも人生に大きな変化をもたらす52の習慣をご紹介します。

「一度にすべてを変える」のではなく「小さく変えていく」のには、次の３つの理由があります。

- 大きな変化のためには、たくさんの小さな変化が必要であること。
- 極端な方法はうまくいかないこと。
- 身の丈に合った変化が意欲に火をつけてくれるということ。

小さな変化がやがて大きな変化になり、より幸せで健康的な心へとつながります。

やり方は簡単です。

ご紹介する52個の習慣を、１週間にひとつずつ実践していけば、１年の終わりには大きな成果が得られます。

どのステップにも、なぜそれが重要なのかという説明とともに、うまく実践するためのコツをご紹介しています。ひとつのステップでの成功が、次のステップへと進む力となるでしょう。具体的には次のような効果をもたらしてくれるのです。

- ストレスや不安、心配が減り、人生を精いっぱい生きることができます。
- 大切な人との結びつきが深まり、幸せな人間関係を築くことができます。
- 創造力が豊かになり、新しいことを学ぶ余裕が生まれます。
- 集中できるようになり、仕事でもプライベートでも生産性が高まります。
- 人生のあらゆる面で、ポジティブな考え方ができるようになります。
- 心と体をいつまでも若く保つことができ、記憶力も高まります。

本書では次のように目的別に４つに分けてご紹介しています。

ＰＡＲＴ１　ささやかな幸せに気づく
ＰＡＲＴ２　最高の毎日をつくりあげる
ＰＡＲＴ３　すこやかな自分に出会う
ＰＡＲＴ４　美しい心で人生に向き合う

ですが、この順番通りに進みなさいということではありません。著者としては、ひとつの習慣に1週間かけて取り組み、それから次に進むことをおすすめしていますが、好きなように自由な順番で進めてみてください。

習慣の中には、あなたにとって簡単すぎるものや、すでにライフスタイルに定着しているものもあるでしょう。そんなときには、他の項目へと進んでかまいません。

ところで、52の習慣すべてを実践し続けるのは簡単なことではありません。難しく感じることも、スケジュールの関係でできないこともあるでしょう。

それも人生の一部です。ですから、うまくいかないことがあっても、がっかりすることはありません。人生は常に綱渡りで、犠牲を払わなければならないこともあります。

もし、なにもかもうまくいかないと感じるときには、次のことを忘れないようにしましょう。

明日は明日の風が吹くのです。毎日、新しい気持ちで取り組みましょう。

1週間に1つずつ。毎日の暮らしが輝く52の習慣

PART 1

ささやかな幸せに気づく

PART 2

最高の毎日をつくりあげる

PART 3

すこやかな自分に出会う

PART 4

美しい心で人生に向き合う

PART 1

ささやかな幸せに気づく

01/52
日記をつける

なんといってもすばらしいのは、考えていることや感じていることを、なにもかも書き留めておけること。そうじゃなかったら、息が詰まってしまうかも。

——アンネ・フランク（『アンネの日記』の著者）

とにかく手っ取り早く自分を変えたいのなら、日記をつけてみましょう。日記なら、ほかの人を気にせず、胸の内を自由にありのままに表現することができます。心の奥深くに潜んでいる考えに気づくきっかけにもなり、自分の置かれた状況や人生についてじっくり考え、その意味を深く掘り下げることにもつながります。

難しい状況に直面したとき、日記を書くことで問題が整理され、物事がはっきり見えるようになり、自分の反応や考えをじっくり検討し、解決につなげることができます。

周りの人との間に誤解が生じたり、意見が合わないことがあったりしても、日記を書くことによって、ほかの人の視点に立ち、その考え方や感じ方を受け入れる心の余裕が生まれるのです。

日記は思考の自由な流れを妨げないので、創造力や直感力をつかさどる右脳を刺激し、より独創的な解決法が見出せるのです。

日記を書くことで自分の感情としっかり向き合うことができます。そうすれば、夢や情熱、恐れ、そして変化に必要なものも見つけられるでしょう。また、ありのままの自分でいることが心地良く感じるようになって自信が生まれ、人間関係や状況、必要なものがはっきり見えるようになるため、より良い方法で対処できるようになります。

日記によって感情を解き放つことは副作用のない抗うつ剤でもあります。心理療法を受けている外来患者を対象におこなった2008年の研究によると、感じたことを書く課題を与えられた患者は、感情とは無関係のことを書く課題を与えられた患者に比べて、不安や抑うつ症状が大幅に軽減されました。（注1）

日記には健康的なストレス管理という役割もあり、幸福度を上げてくれます。感じたことを書き留めることによって、感情を自分の中に閉じ込めるのではなく、外に解き放つことができるからです。そのため、おだやかで幸せな気持ちになり、マイナス思考に陥らずにすみます。さらに、良いことがあったときも日記に書き、ポジティブな気持ちをたっぷり味わうようにしましょう。

新しい自分になるために今すぐできること

まずは5分だけ書いてみて

日記はもちろん義務ではなく、気楽なものです。初めて取り組むときには、1日5分だけ、などと目標時間をもうけると習慣化できます。

考えすぎずにとにかく自由に

日記にルールはありません。自分について、そして感情、経験、考えを書けば良いのです。言葉が自然に出てくるのにまかせ、書いている内容について考えすぎずにどんどん書き連ねましょう。ていねいに書くとか美しい文章を書くとか考えずにとにかく自由に!

テーマを決めると書きやすい

何を書いたら良いのかわからず、行きづまってしまったときには、今この瞬間にどう感じているのか書くことから始めましょう。その日、あるいはその週のテーマを決めるのも良いですね。たとえば、人間関係や仕事、夢、心配事など。

書いたことはあなただけの秘密

プライバシーを守る方法はたくさんあります。パソコンならパスワードをかければいいし、鍵をかけた棚にしまっておくのもいいでしょう。安心して、好きなように、グチでも妄想でも悪口でも書いて良いのです。

写真でもイラストでも動画でもＯＫ

日記は文章である必要はありません。さまざまな方法を使ってみましょう。写真や動画、音声記録、絵など、好みのフォーマットを活用しましょう。日記帳に書くのでは続かなかったという人も、スマートフォンの日記アプリや写真日記なら続く可能性が高いですよ。

変わっていくあなた自身を書き留めて

これから、あなたは本書とともに多くの変化を経験することになります。こうした進歩や努力、自分の中で起こっている変化や感情も日記に書き留めておきましょう。

02/52

音楽を聴く

音楽は道徳律である。宇宙に魂を、心に翼を、想像力に飛ぶ力を、そして人生のあらゆることに魅力と華やぎを与えてくれる。

——プラトン（古代ギリシアの哲学者）

万国共通の言葉である音楽は、わたしたちすべての心の内にある情熱や感情に火をつけます。大好きな歌が流れると、たちどころに気持ちが浮き立つものです。心地良い歌を聞くと、リラックスして神経が休まりますし、しっとりとした暗いメロディを聞くと、物思いにふけったり、物悲しい気分になったりします。

音楽には創造力を刺激し、やる気を起こさせる力があるのです。音楽を聴くと、足でコツコツと拍子をとったり、手をたたいたり、体全体を使って踊ったりと、自然に体が動き出しますね。まさに、音楽には変化をもたらす力があるのです。

さまざまな研究の結果から、音楽は赤ちゃんにも、良い影響を及ぼすことがわかっています（注1）。ヴァン・デ・カール博士がおこなった調査によると、おなかの中の胎児に音楽を聴かせるなど、誕生前に親子の間でやりとりをすると、そうでない場合と比べて、言葉の習得や身体の発育、親子の絆、そして授乳がうまくいくかどうかにも大きな違いが生じるそうです（注2）。子どもが生まれてからも、音楽を聴かせてあげると、機嫌が良くなったり、ストレスが減ったり、睡眠パターンが安定したり、記憶力や脳の働き、認識能力が高まったりします。

また、音楽には仕事の能率や成果を上げ、集中力を高める働きもあります。

音楽を聴くと、脳の中で神経システムに作用する物質が出され、それが直接わたしたちの心の状態に影響を及ぼすというメカニズムが働きます。たとえば、メラトニンは健康な睡眠パターンを作り、ドーパミンは脳の報酬や喜びを感じる部分のコントロールを助けます。一方、嫌いな音楽や落ち着かない音楽を聴くと、脳の闘争・逃避をつかさどる場所が刺激されてアドレナリンが出されるのです。

音楽を積極的に生活の中に取り入れれば、精神の安定に大きなプラス効果が得られます。

新しい自分になるために今すぐできること

いつでも楽しめる機器を準備して

・スマートフォン、iPod、MP3プレーヤー
・ヘッドフォン（ノイズキャンセリング機能のついた高品質のものがおすすめ）
・ホーム・サウンド・システム（できれば高価でも音質の良いもの）

好みの幅を広げてみたら

新しいジャンルの音楽は、聴きなれた音楽とは違った形で脳を活性化してくれます。たとえば、いつもロックを聴いていると、1種類の感情や反応しか得られませんが、ジャズやクラシックなどほかの音楽を聴くと、反応の幅がぐんと広がります。

テレビは消してしまいましょう

テレビを観ているとエネルギーは消耗しますが、音楽を聴くとエネルギーが湧いてきて、頭が働きはじめます。テレビ漬けの夜から音楽の夜へと変えてみましょう。

テーマソングを見つけて

映画のサントラは、映画の持つ雰囲気をそのままに伝えてくれます。あなただけのサウ

ンドトラックを作りましょう。あなたはどんな自分を感じたいですか？　ミステリアス？　それとも頭が切れる自分？　テーマソングを選んで、ひらめきややる気が必要なときに聴くようにしましょう。

音楽を奏でるのも癒やしに

研究結果によれば、音楽を演奏すると、さらなる効果が得られるそうです。ギターやピアノを演奏したり、大好きな歌を歌ったり。それに、作曲もいいでしょう。音楽レッスンを受けたり、友人とカラオケを楽しんだりするのも効果的です。

いつでもどこでも音楽を

家にいるときも、外出するときも、毎日の活動に音楽を取り入れましょう。

・家事や雑用（料理や掃除や洗濯などの家事を楽しくはかどらせるには、アップビートな曲やダンス音楽を組み合わせるのがおすすめ）
・アウトドアで（ベランダや庭に全天候型のスピーカーを取り付ければ、庭仕事やバーベキューでの家族団らんの時間に音楽を楽しめます）
・運動（トレーニングをよりハードにするために、力強い音楽を選びましょう。余分にエネルギーを使えば、余分にカロリーを燃焼することもできますね）

03/52

毎日できるだけたくさん笑う

笑うこと、それはお金がかからないセラピーです。
——ダグラス・ホートン（アメリカのプロテスタント牧師）

ストレスを抱えていたり、何もかもがうまくいかないと感じたりするとき、つい忘れてしまいがちなのが笑顔。つらいときでも、笑いを楽しむことはできます。笑いにはポジティブな効果があるのです。どんな状況に直面していても——仕事や家事に追われていても、人間関係のもつれと戦っていても、大きな悲しみを背負っていても、笑うことでそれに見合う効果が得られます。

ストレスをためているときや悲しいときには、そんなこと、とてもやっていられないと感じるかもしれません。

ところが、研究の結果によると、ちょっとほほえむだけで心や身体の状態、それに全体の見通しも良くなるのです。

まず、笑いには心拍数を下げ、ストレスレベルを下げる働きがあります。カンザス大学のタラ・クラフトとサラ・プレスマンがおこなった研究では、たとえ作り笑いでも、ストレスの多い仕事をしながら笑うようにすると、ほかの被験者と比べてストレスからの回復時の心拍数が低くなることがわかっています。(注1)

笑うことは気分にも大きな影響を及ぼします。笑うとエンドルフィンが分泌され、それが脊椎を通って、体じゅうに良い気持ちだと感じさせる信号を送ります。こうした神経伝達化学物質には、心と身体の痛みの症状を軽くする働きがあるのです。

アメリカの心理学者トムキンスの立てた顔面フィードバック仮説によれば、たとえ作り笑いであっても、笑うことで気が楽になり、気分も良くなるそうです。(注2)

笑えば笑うほど、前向きで幸せな気持ちになるのです。同様に、暗い顔やしかめっ面をすることを減らせば、それだけ消極的な気持ちや悲しみを軽くすることができます。

しかも笑いには伝染性があるので、笑った本人だけでなく、ほかの人をも幸せにしてくれます。

笑いは全身に効く自然の「薬」です。

笑うことで気分も見た目も良くなり、素敵に年を重ねていくことができるのです。

新しい自分になるために今すぐできること

思わず笑顔が浮かぶキュー（合図）を決めて

一日じゅう笑っていられる作戦として、ペットの写真を飾っておく、前向きなメッセージやゆかいな動画を見る等、毎日たくさん笑っていられる環境を整えましょう。

悲しくなったら口角を上げる

悲観的な気持ちになり始めたら、とにかく口角を上げて、その状況を前向きにとらえるようにしましょう。通勤途中で電車に乗り遅れたら、まず笑顔。忙しい1日が始まる前に一息入れる時間ができた、というふうに前向きに考えましょう。

最高の笑顔を引き出す子どもやペット

子どもやペットはわたしたちから自然な笑いを誘います。身近にいなければ、子どもたちや動物ともっとふれ合える方法を探しましょう。ペットショップに行ってもいいですね。

テレビの司会者になりきってみたら

テレビでモーニングショーやバラエティ番組を見ていると、多くのキャスターや司会者が絶え間なく笑みを浮かべていることに気がつきます。こうしたテレビの司会者になったつもりで、いつも感じの良い笑顔で話しましょう。

誰でも笑顔美人に

笑顔には2種類あります。ひとつは自然に生まれる本物の笑いで、目尻の筋肉が縮みます（「デュシェンヌ・スマイル（本物の笑顔）」としても知られています）。もうひとつは作り笑いです。ほとんどの人はこのふたつの笑いを見分けることができます。練習を積むと笑いはどんどん大きく自然になるので、白い歯を見せただけで笑顔が伝わるようになります。

時には声を上げて大笑いしてみて

声を上げて笑うことは微笑よりもっと強力です。不安や恐れが和らぎ、気分や見通しが明るくなり、難しい状況や失望にも対応しやすくなります。また、怒りや恨み、不安などのネガティブな気持ちから気をそらし、もっと前向きな気持ちに目を向けることができるようになるのです。

04/52

読書を楽しむ

1時間の読書で解消できない苦悩などない。

——シャルル・ド・モンテスキュー（フランスの哲学者）

ここ30年くらいの間、最も一般的な娯楽といえば読書でした。最近では娯楽の形が、良い本を読むことからテクノロジーへと着実に変わってきています。全米芸術基金（NEA）や全国教育統計センター（NCES）の統計によれば、アメリカの成人のうち文学作品を読んで楽しむ人は半数未満（48パーセント）です。

一方で、定期的に読書をすると、脳の健康や精神衛生に驚くほどの効果があります。テレビのようなほかのメディアと比べると、読書のプロセスは能動的で、脳のさまざまな部位にかかわり、神経学的に見てもかなり多くのものが求められます。その結果、頭が良くなり、年をとっても頭の回転が衰えず、物忘れを防ぐことにもなります。

たくさん読めば読むほど、語彙や一般常識が増え、字を正しく書く力や言葉を流暢に話す力が高まるというのも不思議はありません。（注1）さらに、本や長い記事を長時間読む

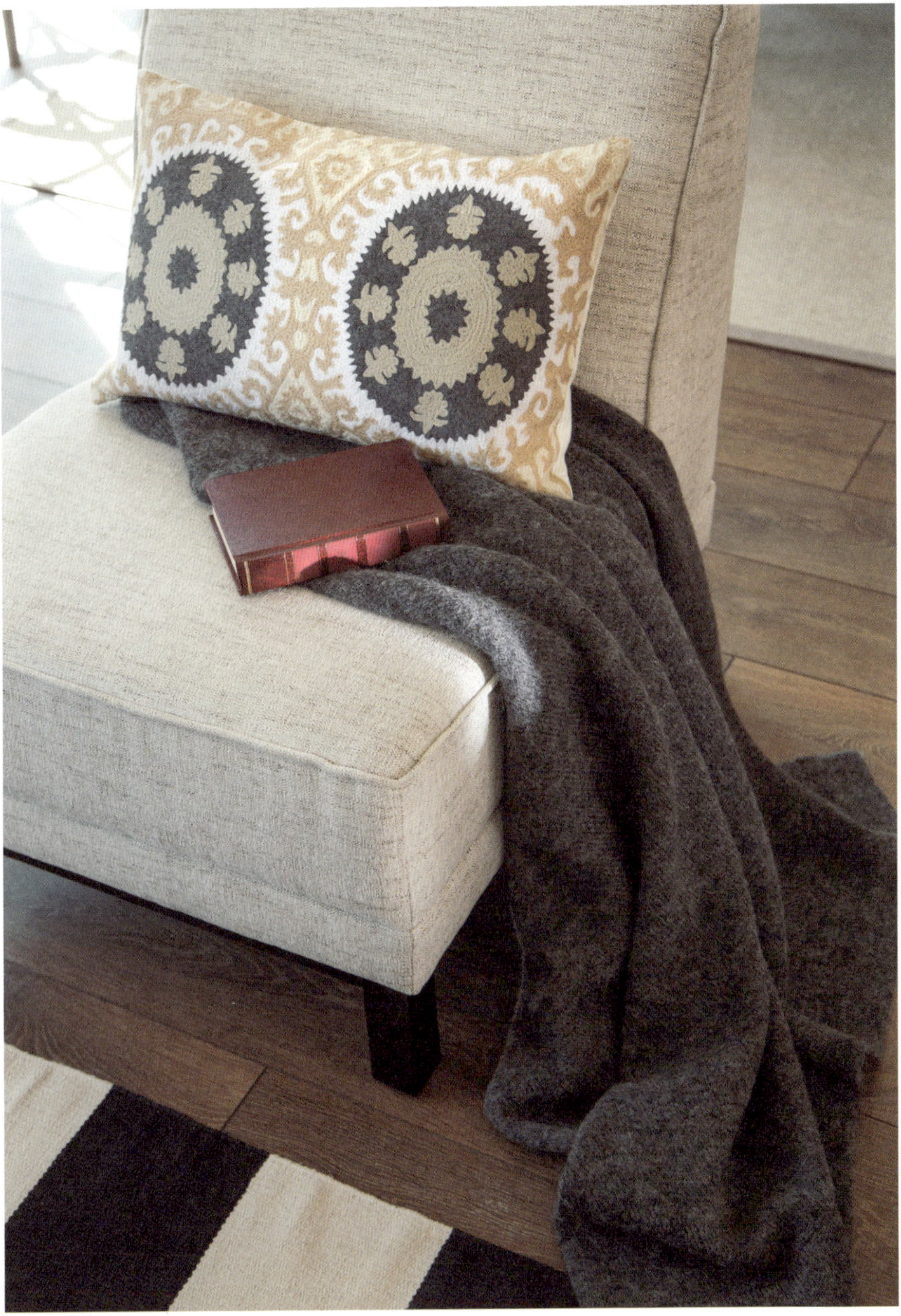

ことによって、集中力や注意力も養われます。

読書にはストレスを和らげる力があるのに対して、ほかのメディアはストレスを強める傾向があります。テレビやインターネットの場合、一度にかなりの注意力を働かせることが求められますね。それと同時に気をそらすもの、雑音、目まぐるしく動く映像が大量に入ってきます。

一方、長時間にわたる読書では、高い集中力を持続することが必要です。ロンドンにあるサセックス大学マインドラボのデヴィッド・ルイス＝ホジソン博士は、読書がストレス反応にどのような影響を及ぼすかを実証する研究を行っています。

さまざまなテストや課題を与えることによって被験者のストレスレベルや心拍数を上げ、その後6分間だけ読書をします。その結果、読書によってストレスレベルが下がった被験者は全体の68パーセントに上り、中には実験を始める前よりもストレスレベルが下がった例も見られました。（注2）

読書には創造力を高める働きもあります。新しい概念や考え、情報について読むと、想像力が働き、現実の世界においても独創性が増します。本や物語には、登場人物やあらすじ、風景などの長い描写がありますが、想像力や創造力を働かせることによって、それらが頭の中で生き生きと浮かびあがるのです。

社会的な側面から見てみると、読書はより豊富な知識を持った、魅力ある人物を作り上げます。

楽しむジャンルが小説、伝記、ノンフィクション、自己啓発書など何であれ、常に新しい知識や洞察力、ほかの人に話すことのできる新しい何かが得られるのです。

新しい自分になるために今すぐできること

まずは本を読む時間を作りましょう

1日のうちで読書をする余裕がありそうな時間帯に、15～20分の時間を確保しておきましょう。夜、寝る前に本を読むと緊張がほぐれます。

選ぶのは純粋に読みたいものだけ

読みたいと思う本や記事を選びましょう。義務感から本を読んでも、楽しむことはできません。本を読み始めて何日も集中できなかったり興味が持てなかったりした場合は、その本をやめて、もっと楽しめそうなものを読むようにしましょう。

新しいジャンルにチャレンジ

新しいジャンルを試して視野を広げることも大切です。新しい概念や情報、語彙に接することで学ぶことが増えるだけでなく、新しい興味を抱くきっかけにもなるのです。

電子書籍はどこでも読めて便利

さまざまな機器や電子書籍端末が登場し、外出先での読書も以前より楽にできるようになりました。いつでも、瞬時に本や雑誌、新聞をダウンロードできるのです。同時に何冊かを並行して読むタイプの人であれば、自分の蔵書全部を持ち歩くことも可能ですね。

本を持ち歩く習慣を

読書量を増やす最も簡単な方法は、読むものをいつも持ち歩くこと。バッグや車に本や雑誌、電子書籍端末を入れておきましょう。たとえば病院などで5分ほど空き時間ができたら、いつでも読書ができます。

居心地の良い場所を見つけたら

気をそらすようなものがない居心地の良い場所を見つけます。公園のベンチでも、海辺でも、木陰の草の上でもかまいません。飲み物——緑茶やラテ、ワインや軽い食べ物を用意しておくのも良いですね。

目標冊数を決めてみて

決まった時間枠で決まった冊数の本が読めるように目標を立てましょう。たとえば、1カ月に2冊とか1年に24冊と決めておくのも良いでしょう。どんな目標でもかまいませんが、①現実的で②読書の楽しみを失わないようなものがいいですね。義務ではなく、読みたいという気持ちを持ち続けることが大切です。さらに、読んだ本について、所要時間や感想などを記録するのもおすすめです。

05/52

しっかり休憩をとる

本当に怠惰な人はどこにも行きつけない。いつでも忙しい人はそれ以上先には進めない。
――ウィリアム・ヘニッジ・オギルビー卿（イギリスの外科医）

「昼食を抜いてあと1時間がんばれば、この仕事を終わらせることができる」こんなセリフに聞き覚えはありませんか？

休みなく一生懸命がんばれば生産性を維持できると思うかもしれません。ところがこれは逆効果になることが多いのです。休憩をとらないと、生産性や独創性が落ち、ストレスや極度の疲労を招くという研究結果が出ています。（注1）

定期的に短い休憩をとると、気持ちがすっきりしますね。脳に必要な休息が与えられるため、再びやる気が出て、課題に戻ったときにもう一度集中できるようになります。短い休憩は脳にとって休暇のような働きをするのです。

長時間同じ課題を続けたり、同じ問題に取り組んだりしていると、心が「麻痺」してしまいます。徐々に集中力を失って重要なことを見落とすようになり、その結果、スピードや精度が落ちます。肉体労働を伴う仕事であれば、事故の危険も増すでしょう。

一方、休憩をとり、何も考えない時間、仕事以外のことを考える時間を作れば、仕事に戻ったときに頭がすっきりし、新しい見方もできるようになります。


休憩は心身に物理的休息を与えることになるため、生産性も向上します。わたしたちの多くは、１日のかなり長い時間、コンピューターやノートパソコンの前に座って仕事をしていますが、長時間同じ姿勢で座っていると、血流が悪くなり、酸素レベルやエネルギーレベルに悪影響を及ぼします。さらに、眼精疲労や疲労、背中や首の凝りだけでなく、筋骨格痛や筋骨格障害を起こしやすくなり、能率の低下につながります。

要するに、１日の就業時間内に適切な休憩を組み込めば、集中力や仕事のスピードが増し、ストレスが減るのです。

新しい自分になるために今すぐできること

スケジュールにあらかじめ休憩を組み込んで

２００１年の研究からは、休憩時間をあらかじめ決めておいた方が、好きなときに自由に休憩をとるよりも効果が上がるという結果が得られています。（注２）多くの人は目の前の仕事に熱中するあまり、休憩をとるのを忘れたり、休憩をとることを後ろめたく感じたりします。そのため、ほんの数分間仕事を離れる必要がある場合でさえ、離れようとしません。ベストな間隔で休憩がとれるように、スケジュールに組み入れておくことが大切です。

元気になれる休憩のとりかた

デスクワークが多い仕事の場合、ちょっとした運動をすれば、心拍数が上がり、脳や体じゅうを巡る酸素流量も増えます。

・外を歩いて新鮮な空気を吸い、気分を一新しましょう。
・立ち上がって、机の前やオフィスの中で5分間ストレッチしましょう。頭のてっぺんから足先まで、ひとつひとつの筋肉を伸ばしていきます。
・トイレに行くときには、別の階のトイレを選び、階段を使いましょう。
・同じ建物の同僚にメールや電話ですませず、直接オフィスに話しに行きましょう。

・電話をするときには立ったまましましょう。
・食堂へ歩いていき、飲み物やヘルシーな軽食を買いましょう。

今すぐできるリラックス法

5分間机から離れるのも難しいときには、次の方法を試してみましょう。

・瞑想し、深い呼吸をする
・読書する（仕事とは関係のないものを読み、脳の違う部分を働かせます）
・音楽を聴く（おだやかで静かな気分になる歌を聴きましょう）
・近くの人と話す
・昼寝をする（ＧｏｏｇｌｅやＡＯＬなどの大企業もエネルギーや集中力を回復する方法として取り入れています）

06/52

小さなことに感謝する

感謝が始まるとき、苦闘が終わる。

――ニール・ドナルド・ウォルシュ（アメリカの著作家）

感謝するのは簡単です。立ち止まって自分の人生を振り返り、自分の持っている良いものすべてに感謝の気持ちを表せばいいのです。日々これを実践すれば、精神的に大きなプラスの効果をもたらしてくれます。

日頃から感謝の気持ちを持つことは、自分の人生や人間関係、幸運を認めることになります。

感謝の気持ちにあふれた人は、そうでない人と比べると、幸福度が強くなる傾向にあります。より肯定的で楽観的な考え方をし、熱意や喜び、エネルギーにあふれているのです。さらに、寛容で頼りになり、人を受け入れる懐の深さがあります。（注1）

また、感謝の気持ちを持つことによって、ストレスや不安、抑うつ的な気分も和らぎます。感謝はストレスの持つ負の影響に対する緩衝材の働きをし、立ち直る力や、日々の問

題に対処する力、トラウマなどから快復する力を強めるのです。（注2）

感謝の気持ちを持つことによって、睡眠パターンにも良い影響があります。感謝の心を持つ人は寝つきがよく、長い時間ぐっすり眠れ、起きたときによりすっきりした気持ちになれるのです。（注3）

感謝の気持ちを外に表し、ほかの人に対して感謝の気持ちを示せば、人間関係が強まり、ほかの人とのつながりが密になり、ほかの人にもっと心を傾けるようになります——そして、相手も自分に対して強いつながりを感じるようになるのです。感謝の気持ちを持つことは、許しの心を促し、人間関係における満足度を増すことにもなります。（注4）

感謝の気持ちを持つことは健康全般にも良いということがわかっています。研究によると、感謝の気持ちは免疫システムを強くし、血圧を下げ、病気の症状や痛み、苦痛を和らげます。（注5）

新しい自分になるために今すぐできること

感謝のトップ5リスト

最もありがたいと思うことを5つ考えてリストにし、いつでもどこでも見ることができるようにしておきましょう。

スマートフォンに表示させたり、お財布やバッグにリストを入れておいたりするのもおすすめです。ついていない日に、ネガティブな考えが浮かんだときには、リストを見て、人生のポジティブなものを思い出しましょう。

「ありがとう日記」の作り方

人生のほかの面と同じように、感謝についての意識を高めるうえでも、日記はかなり強力なツールとなります。その際、次の項目について書き留めておきましょう。

・今日は、誰に・何に感謝の気持ちを感じますか？
・どんな気持ちを感じましたか？
・あなたがありがたいと感じる人、経験、ものがなかったら、あなたの人生はどのように変わると思いますか？

ありがたいと思うことをできるだけ頻繁に更新しておきましょう。説明は細かく書くようにして、小さなことをじっくりと味わうことが大切です。

ささやかなことにいつでも感謝

ささやかなことのありがたみがわかると、新たに、より高いレベルで感謝することができるようになります。晴れた暖かい日や、もしかしたら雪の日にも感謝できるかもしれません！　ささやかなことを楽しみ、喜びを感じましょう。

大切な人に「ありがとう」を伝えて

少なくとも週に1回は、大切な人たちに感謝を示すようにしましょう。人は大切に思う人々の存在を当たり前と思いがちです。けれども、大切な人の行動や愛情に対して感謝の気持ちを示せば、お互いに良い気分になります。大切な人に率直に感謝の気持ちを示し、その存在が自分にとってどれほど大切なのか言葉で表現することを心がけましょう。

ほかの人からの感謝の気持ちを受け入れることも重要です。誰かに感謝されたら、それを受け入れ、ありがたく思いましょう。何らかの理由で感謝を受け入れにくいと感じるのなら、なぜそう感じるのか理由を考えてください。

自分の幸運を受け入れて

自由、平和と安全、支払いができるような仕事、生きるために必要な基本的なもの——食べ物、水、住まい、衣服——を得る力に恵まれている人は、かなり幸運な境遇にあります。ところが、こうした「贅沢」は簡単に見過ごされ、当たり前だと思ってしまいがちです。世界にはこうした幸運に恵まれず、日々、戦争や貧困、飢え、病気、残酷な行為に苦しんでいる人がたくさんいることを忘れてはいけません。

視点を変えて見直すと…

物事の肯定的な面を見るようにしましょう。たとえば、残業しなくてはならないときには、仕事があること、お金を稼ぎ自活できる能力、また自分自身や家族に感謝して。ネガティブに見えることの中から良いところを見つけるようにしましょう。

ほかの人を巻き込みましょう

1日の終わりに配偶者や子どもが帰ってきたら、その日起こった良いことや、ありがたいと思ったことを尋ねてみましょう。ほかの人がありがたいと感じていることを聞くことは、喜びと感謝を広めることにつながるのです。

過去に感謝すると幸せな気持ちに

過去におけるありがたい出来事を認めることによって、感謝の気持ちや幸福感はさらに高まります。あなたを助けてくれた人、あなたの人生に特に大きな影響を及ぼした人のことを考え、感謝しましょう。

しばらく話をしていないのなら、電話や手紙で心からの感謝を伝えましょう。感謝の気持ちはできるだけ細かく具体的に伝えることが大切です。

07/52

物より経験にお金をかける

最も多く生きた人とは、最も長い年月ではなく、最も豊かな経験を持つ人のことである。

――ジャン＝ジャック・ルソー（フランスの思想家・哲学者）

お金はたしかに生活を楽にしますが、それは必ずしも幸せと同義ではありません。何にお金を使うかで大きな違いが生まれるのです。

友人との食事や休暇、また海辺での1日でもいいのですが、経験にお金を使った場合、車や家、新しい機器など、物にお金を使った場合よりも、幸せだと感じる傾向にあるという研究結果があります。

さらに、お金を払って得た経験から生まれる幸せは、その瞬間に留まりません。過去の経験について考えたり、未来の経験を期待したりすると、過去に買った物や将来買う物を考えるよりも、ずっと前向きな気持ちになれるのです。（注1）

時間やお金を物ではなく経験に使うと、さまざまな理由で、より大きな喜びが得られます。第一に、物から得られる喜びは比較的限られたもので、時間とともに消えてしまいます。ところが、経験は自分の中に取り込むのに時間がかかり、時間とともに重要度が増し、一生の思い出となるのです。

さらに、所有物はあるがままの実体のある物にすぎないのですが、経験はもっと抽象的ですべての感覚にかかわります。たとえば、新しい車を買えば1カ月間は幸せだと感じるかもしれませんが、いずれ生活の中で当たり前のものとなり、特別感が失われてしまいます。ところが週末の行楽に出かけた場合は、友人たちや家族との時間を過ごし、食べたことのない物を味わい、興味深い名所を目にし、その土地の匂いを嗅ぎ、新しい環境に浸ります――これらはすべて永遠の思い出となって喜びをもたらしてくれます。

見知らぬ街で道に迷ったり、旅行中に悪天候に対応したりといった否定的なことが起きても、そうした瞬間の一番良いことが思い出に残り、否定的なことのおかげでその経験がずっと面白く、印象的なものになったと感じるのです。

物よりも経験にお金をかける方が好ましいもうひとつの理由は、経験には社会的要素が含まれることが多いという点です。物は個人的に楽しむことが多いのですが、経験はほかの人と共有する傾向にあります。(注2)

ほかの人と一緒に物事を経験すると、社会的なつながりが増し、人間関係が強まり、人との結びつきがより深く強くなります――これらはすべてわたしたちの幸せにつながります。(注3)

新しい自分になるために今すぐできること

意識を高めてみて

新しい物を買いたいと思ったときは、それがどんな経験を与えてくれるか考えてみましょう。どれくらいの喜びをもたらしてくれる？　その喜びは一時的なもの？　長期的な利益をもたらしてくれる経験にお金を使いましょう。たとえば、150ドルの靴を買いたいと思っているのなら、同じ金額で友人とコンサートに出かけたりできるかもしれません。

みんなで共有しましょう

経験はほかの人と共有すれば、より多くのものを得ることができるので、友人や家族と一緒の経験を計画するように心がけましょう。たとえば、友人を散歩に誘ったり、家族と演劇を見に行ったりするのもおすすめです。

前もって計画するのがポイント

経験することに対するワクワク感も大きな喜びをもたらしてくれます。前もって計画して楽しみに待ち、経験がもたらしてくれる幸せを期待しましょう。

思い出せるよう形に残してみて

回想することによって経験は心の中で生き続け、終わった後でもずっと楽しむことができます。写真や日記、動画で残すといいですね。

「経験貯金」なら準備期間も楽しめる

ニュージーランドやガラパゴス諸島への旅など、高額な旅行に目をつけているのなら、その目標に向かって毎週お金を貯めておく「経験貯金」をしておきましょう。

「経験したいことリスト」作りは楽しい

やってみたいと思っている経験を書き留めておくリストを作りましょう。何か新しいことを思いついたら、リストに書き加えましょう。とても楽しい作業ですよ。

永遠に残る贈り物とは？

誕生日や祝日には、大切な人に物ではなく経験をプレゼントしましょう。たとえ、新しい機器など具体的なものを欲しがっていたとしても、経験の方がはるかに感謝してもらえるはずです。その人の考え方も変わって、物より経験を大切にするようになるかもしれません。

08/52

自分にごほうびを与える

自分の人生を褒めたたえ、称賛すればするほど、称賛すべきことが増える。
——オプラ・ウィンフリー（アメリカのテレビ番組司会者）

わたしたちは目標を達成することを重視するあまり、一歩引いて自分の成し遂げたことをじっくり味わうことを忘れがちです。すると達成感が味わえず、将来の課題や目的を達成しようという意欲も失ってしまいます。自分へのごほうびは満足感につながりますし、すでに成し遂げた大変な仕事を評価するとともに、将来の難しい仕事への意欲を生むという目的にもかないます。

一方で、目標をひとつ達成するとすぐに別の目標に目を向け、次から次へと目標を設定し続ける終わりのない連鎖に陥ってしまうこともあります。将来にばかり目を向けていると、今の自分を作り上げてきた努力を見失ってしまいます。そうなると、達成感に伴うはずの幸福感も味わえなくなるのです。

特に難しい課題をやり遂げたことに対するごほうびは、将来の成功にもつながります。過去に成功し、それにごほうびを与えていれば、新しい挑戦からどんな利益が得られるのかも思い描くことができるからです。

自分にごほうびを与え続けるうちに、難しい仕事と達成したときの満足感とがより強く結びつくようになります。10キロの減量や禁煙などの長期的な目標の場合、ごほうびを用意しておくことで、達成までの努力の道のりもやりがいのあるものになるわけです。

仕事であれプライベートであれ、挑戦をしてもほめてくれる人がそばにいない場合、自分にごほうびを与えることはさらに重要になります。

献身や努力、重労働がきちんと認められないままだと、幸福度が下がり、ストレスへの対処能力が損なわれ、ついには生産性や実績も落ちてしまいます。目下の課題がガレージの片づけであろうと、仕事で年末報告を仕上げることであろうと、努力が認められないと自尊心がむしばまれていくのです。

ところが、自分にごほうびを与えれば、達成したことへの満足感が味わえ、自信と幸福度が上がります。

新しい自分になるために今すぐできること

過去に達成したことを書きだしてみましょう

自分の達成したことをほめるためには、まず自分が何かを成し遂げたと認めること。過去に成し遂げたことを次の①〜③の手順でリストにして振り返ってみましょう。

①自分が誇りに思う大きな成果を5つ記入してください。次に、②成功するためにやったことについて二、三文の説明を書き加えましょう。そのあと③達成したことによってどのように感じたかを書き記します。落ち込んだりやる気を失ったりしたら、いつでもこのリストを見てやる気を引き出しましょう。

自分をたくさんほめてあげて

自分に対してはなるべくたくさんほめてあげましょう。たとえば、2〜3カ月間、プライベートを犠牲にしてプロジェクトに取り組んできたのなら、友人たちとの夜の外出か週末の遠出を計画しましょう。時間通りに仕事を終えられて休憩がとれるのなら、一息入れて読書をするか、同僚とおしゃべりするか、カフェテリアのスイーツを楽しむのもいいでしょう。

がんばっている途中でも小さなごほうび

特に大がかりで時間がかかる目標やプロジェクトであれば、途中で自分をねぎらう方法を見つけましょう。終わるまで待とうと思っていると、課題をやり遂げる前に放り出してしまうかもしれません。大きな目標は細分化してチェックポイントを作り、それぞれに適切なごほうびを用意しましょう。たとえば、今がんばって小説を書いているのなら、1章書き上げるたびに自分をねぎらって。

ほかの人と分かち合うと効果倍増

ほかの人と一緒に祝うのもおすすめ。プライベートでの目標達成であれば、大切な人や友人、家族と祝ってください。仕事上の目標達成であれば、親しい同僚と。ほかの人と一緒に祝うことでつながりが得られ、自分ひとりで祝うよりも効果が格段に上がります。

ごほうびには心からほしいものだけをセレクト

大変な仕事をねぎらっても、自分にとって価値のあるごほうびでなければ意味がありません！　そのごほうびが本当にほしいものでなければ、課題や目標を達成したいという意欲がわかないでしょう。自分が本当にほしいもの、楽しみでならないもの、すばらしい気分が味わえるようなものを選びましょう。

がんばった自分を尊敬してあげて

わたしたちのほとんどは、評価されること、認められることによって心を動かされます。実際、研究結果が示すように、職場では金銭的な誘因よりも称賛や評価の方が効果も高く、従業員の満足度も上がります。(注1) 自分に対しても物質的なごほうびだけでなく、達成したことに感じる誇りや敬意を表現することが大切です。

達成感をしっかり味わいましょう

大きな課題をやり遂げたり、大きな目標を達成したりしたときには、次の課題や目標に取りかかる前に、リラックスして成功の余韻に浸る時間をとりましょう。そうすれば、達成したことを十分に評価し、燃え尽きを防ぎ、ストレスに対処し、次のプロジェクトや目標に全力で向かうために必要な休養を心に与えることができます。

おすすめは「ごほうび日記」をつけること

達成したことやその結果得られたごほうびを記録すると、成果を中心に考えることができるようになり、あとで振り返るたびにさらに大きな自信が得られます。目標に向かって努力しているときに、イライラしたり、気持ちがくじけたりしたら、ごほうび日記を振り返って心のよりどころとしましょう。

09/52 本物の自信を築く

自分の力につつましく、それでいて相応の自信を持たなければ、成功や幸せを手にすることはできない。

――ノーマン・ビンセント・ピール（アメリカの聖職者、作家）

健全な自信は大きな喜びを得るために最も重要な特性のひとつです。

ありのままの自分を好ましく思い、尊び、受け入れることによって、自分にふさわしい幸せな人生が手に入るのです。

学校、友だちや仕事にかかわる経験などを含む人生経験は、自分についての感じ方や自己認識に組み込まれます。こうした経験が否定的なものだと、精神が傷つけられます。たとえば、子どものころにからかわれたり、不健全な関係や精神的な虐待を経験したり、自分とは違う人間にならなければならないと感じたりすると、自信が大きく損なわれてしまうのです。

自信を持っていれば、わたしたちはより大きなエネルギーと熱意で人生と向かい合うことができます。目的が達成できる可能性も高くなり、決断しやすくなり、将来が楽しみだと感じるようになるのです。自分自身や夢をかなえる力を信じられるようになります。これは、ほかの人の信頼を得ることにもつながります。だからこそ、計画通りに物事が進まなくても人生の困難に立ち向かえるのです。

自信があると、コミュニケーションがうまく運び、その結果、ほかの人にとって親しみやすく、魅力的な存在になります。さらに、他者に受け入れてもらうことに頼らないので、拒絶を恐れなくなります。他人との間に必要な境界線を保つことができ、その結果、より幸せで健全な関係が築けるのです。

新しい自分になるために今すぐできること

ありのままの自分を好きになることから

肯定的な姿勢を持つ人は、ありのままの自分でいることに幸せや自信、心地良さを感じる傾向にあります。一方、否定的な考えは自信をむしばんでいきます。完璧主義や自己批判、否定的な心の声といった自滅的な癖に負けずに、肯定的な行いに目を向けましょう。

「わたしの自信ノート」をつけてみて

ノートに自分の長所、成果、肯定的な特徴を書きだしましょう。長所については、自分がもともとうまくできることに注目しましょう。成果は、自分が成し遂げたことで誇りに思うことならどんなものでもOK。学位、親であること、最近の昇進などです。肯定的な特徴については、自分がどんな人間なのか、自分の特徴は何なのか考えてみましょう。思いつかなければ、信頼できる人にアドバイスしてもらいましょう。

健康・外見に気をつかうことも大切

表面的なことだと思うかもしれませんが、運動やきちんとした食事を心がけ、服装に誇りを持ち、健康状態をよくすれば、自信が高まります。

胸を張って顔を上げて

ボディランゲージは、ほかの人の目に映る自分、自分の目に映る自分に大きな影響を及ぼします。腕を組んだり、肩を丸めたり、下を向いたりという姿勢は人を避けていることを意味します。こうした姿勢はやめて、背筋を伸ばして胸を張り、腕は脇に下ろして頭を上げましょう。すると人との交流が楽になり、自信を高める力も得られます。

健全な自信と思い上がりは大違い

謙虚であることは悪いことではありません。健全な自信とは自我を抑え、自分が知らないことに気づき、新しいことを学ぼうと心を開くことでもあります。思い上がるほど極端な自信を持つべきではありません。思い上がりの裏には、自尊心の欠如など、もっと深い問題が隠れていることが多いのです。

10/52

つらいときは助けを求める

助けを求めることは、弱さや無力さとは関係ない。たいていの場合、それは高度な誠実さと知性の現れである。

――アン・ウィルソン・シェイフ（アメリカの精神科医）

わたしたちは、助けを求めることは良くないという考えを抱きがちです。すべてをやり遂げ、自分のことを自分でできる人を称賛します。

ところが、成功し、たくさんのことをこなす人ほど、助けの求め方を熟知している場合が多いのです。

自分の手に余ることを引き受けたり、自分だけでは難しい問題を解決しようとすれば、ストレスを引き起こし、健康にも悪影響を及ぼします。

でも、ほかの人に頼れば、孤立感や抑うつ感、ストレスが和らぎます。助けを求めることによって、弱点の強化よりも、自分の長所に目が向くのです。

適切な人に助けを求めれば、時機を逃さずに必要なことをやり遂げることができ、あなたの生産性も高まります。

何をすべきか、どのようにすべきかがわからないと、わたしたちはやるべきことや決断を先延ばしにしてしまいがちです。助けを求める勇気があれば、完成に向かって進めます。また、適切な人に頼めば、きちんと理解している人から新しいことを学べるため、知識が身につき、時間を節約できます。

助けを求めることで、問題や難しい課題への洞察が深まり、新しい解決法が見つかる可能性もあります。助けてくれる人は、独自の視点や経験を持ち込み、異なるアプローチで問題や難しい課題に取り組みます。もっと効率良く効果的な対処法や、あなたが考えつかないような解決法を知っている可能性もあります。

助けを求めることは人間関係の強化にもつながります。相手はあなたの世界に入り込むことができ、また自分が信頼され、頼られていると実感できます。人は誰かから必要とされ、重要な存在だと感じたいものです。

あなたを助ける機会を与えられれば、相手はそれが実感できます。困ったときに安心して相手に頼ることができれば、相手も安心してあなたに頼れます。互いに健全な形で頼り合うことで、お互いの絆が強まるのです。

新しい自分になるために今すぐできること

ひとりでがんばらなくていい

必要なときに助けを得るための第一歩は、自分に正直になることです。自分の能力を知り、自分ができることとできないこと、独力ではできないときを知ることが一番大切です。すべてを自分ひとりで対処すべきだという考えは自滅につながります。

信頼できる人に助けを求めて

メールや伝言ではなく面と向かって頼みましょう。直接かかわることが好結果を招きます。頼むときは、はっきりと率直に。相手が気持ちを察してくれるのを待っていてはいけません。何を望んでいるのか、なぜ助けを求めているのか、相手に伝わることが大切です。また助けを求める相手には、見返りを求めない、心から信頼できる人物を慎重に選びましょう。

口出ししないでおまかせ

信頼できる人を選んで助けを求めたら、その人を信じて、細かいところに口を出さないことが大切です。細かいところに口出しすると、この先、助けてもらえる機会をつぶしてしまうことになり、人間関係にもマイナスの影響を及ぼします。

どう思われるかなんて気にしない

弱い人・困った人だと思われたくないという気持ちのせいで助けを求めない人が大勢います。でも、自分でできることとできないことがわかっているという自己認識と自信があれば、逆にあなたへの信頼は高まります。相手に「ノー」と言われること、拒否されることを恐れて、助けを求めない人もいますが、たいていの人は誰かの役に立ち、必要とされたいと思っていることを覚えておきましょう。

助けが必要な人に手を差し伸べて

必要なときに気兼ねなく頼めることも大切ですが、同じように、助けが必要な人に対して手を差し伸べることも大切です。できるときに、できる範囲でほかの人を助けるべきだという意味です。

心からの感謝を伝えましょう

助けてもらったときには、必ず心からの感謝を示しましょう。おかげであなたの状況が変わったことや、人生が楽になったことを相手にきちんと伝えるようにしましょう。

11/52

旅に出る

旅は、先入観や偏見、偏狭な心への特効薬になる……地球の片隅で生涯じっとしているだけでは、人や物に対する、広く健全で寛大な見方は得られない。
——マーク・トウェイン（アメリカの作家）

「休暇が必要だ」と思うとき、それは脳が何かを伝えようとしているのかもしれません。旅行や、日常生活から離れて過ごす時間というのは、リラックスしたり、充電したり、心を活性化したりする絶好の機会です。

日常生活を離れて旅行をすることがストレスの緩和につながるのです。長い休暇でなくても、効果は十分に得られます。２０１２年にエクスペディアが行った調査によると、88パーセントの人が2日以内の旅行中に、仕事のストレスを忘れ、リラックスすることができたと回答しています。（注1）

日々の生活や環境から離れると、抱えている問題から離れて一歩引いて見ることができ、新しい視点が得られます。新しい視点が得られることによって、もっと明確で客観的な考え方ができるようになるのです。もし今の生活にストレスやいらだち、行きづまりを感じ、退屈だと思っているのなら、休暇は気持ちをすっきりさせ、新たな意欲やひらめきを得るチャンスになります。

旅行は、老化防止にも驚くほど効果があります。コレット・ファブリグール博士は、1995年に行った研究で、旅行などのレジャー活動への定期的な参加が、認知症のリスク低下に関連しているという結果を得ています。（注2）

新しい土地や文化、食べ物、環境に接すると、わたしたちの脳はこうした新しい経験を受け入れるために、新しい神経経路を作ったり、作り直したりする必要に迫られます。脳の認知機能や老化防止機能を高め、変性疾患の予防につながるのです。

旅行、特に初めての場所や外国への旅では、あらゆる感覚を使いますね。新しい味や音、景色、匂い、手ざわりまで経験します。さらに、新しい街を歩き回ったり、両替したり、計画やスケジュールを立てたり、外国語を使ったりするなど、脳のさまざまな部分を使うことが求められます。

また、このような新しい経験にさらされることによって、創造力が刺激され、問題解決能力が高まります。身近な世界から飛び出せば、それだけ心が広く柔軟になり、自信や忍耐力が高まるのです。

新しい自分になるために今すぐできること

休暇をとったら旅に出ましょう

何よりもまず、認められている休暇をきちんととり、その際には旅行を最優先しましょう。なんとなくとる休みも癒やし効果はありますが、なるべく旅行に充てることを心がけましょう。

低予算でＯＫ

キャンプやバックパック旅行、車で全国をまわる旅でも、すばらしい経験になり、おまけに費用も安くすみます。大切なのはいくらかけるかではなく、旅行中にどんな経験ができるかなのです。

大自然に飛び込んで

大自然の中を探検できるような場所に行くと、創造力が刺激されます。さらに難しいルートを歩く、キャンプで雨に降られるというような予測不能の事態に対処するといったことに挑戦することで自分自身が試され、自尊心や自信、問題解決能力、柔軟性が高まります。

優雅な旅も冒険旅行も刺激的

ビーチに出かけるのが好きなタイプであっても、古いヨーロッパの街を歩き回るのが好きなタイプであっても、さまざまな場所に旅し、さまざまなタイプの休暇を過ごして、変化をつけましょう。そうすれば新しく刺激的な方法で自分を試すことになります。

ひとり旅があなたを育てる

ひとり旅は自分を深く見つめ直し、成長するチャンスになります。自分の力で旅をするときには、誰かと一緒のときには出合わないようなことを考えるきっかけになるのです。さらに、ひとり旅では、コンフォート・ゾーンから出て、人に頼らずに自分の力で対処しなくてはなりません。その代わり、ほかの人と旅行をするときよりも、自信が高まり、脳も違った刺激を受けることになります。

友達や家族との旅も楽しい

ひとり旅にメリットがあるように、ほかの人との旅にもすばらしいメリットがあります。一緒に旅をすると、親密度も絆も深まります。家族だけでなく、友人や同僚、クラスメートと旅をする機会を見つけましょう。

12/52 手仕事をいつくしむ

手を使って働く者は労働者である。
手と頭を使って働く者は職人である。
手と頭と心を使って働く者は芸術家である。
――アッシジの聖フランシスコ（カトリック修道士でフランシスコ会の創設者）

ほとんどの人が手を使って仕事をしていた時代はそんなに昔のことではありません。ところが、デジタル時代になると、手を使って仕事をし、物を作り出すことは少なくなりました。テクノロジーは時間の節約になるかもしれませんが、手を使って創造するときのような精神的な効果は得られません。

手を使って物を作ったり、手入れをしたりすると、幸福度が上がり、精神的な健康も高まるという研究結果が出ています。

バージニア州にあるランドルフ＝メイコン大学の教授で心理学部長でもあるケリー・ランバート博士はこの分野の研究を行い、「努力駆動型の報酬回路」と呼ぶものを働かせると、身近にある難しい課題や感情面での課題に、効果的に効率良く取り組めるようになると説明しています。

目で見える結果、手でふれられる結果を、手を使って生み出す活動（マフラーを編んだり、料理を手作りしたり、庭の手入れをしたりなど）をすると、報酬回路が刺激されて最適な働きをするようになるのです。（注1）

ランバート博士は、アメリカで確認されているうつ病の増加は、目的のある身体活動の減少と相関性があると論じています。手を使って仕事をすると、肯定的な感情を引き起こす神経伝達物質であるドーパミンとセロトニンの分泌が増します。仕事で手を使うことが少なくなると、これらの神経伝達物質の分泌も減ります。

また、ランバート博士の説明によると、手を使うことによって、自分の周囲をコントロールしているという感覚や、周りの世界とつながっているという感覚が強まるそうです。これらはすべて、ストレスや不安感の減少や、うつ病の兆候からの回復力強化につながります。（注2）

手作業では、自分の力で進め、やり遂げるまでのプロセスが大切です。結果だけでなくプロセスを大切にすることによって、心の安らぎや満足感が増します。

新しい自分になるために今すぐできること

料理は最高の手仕事

できあいのおかずやケータリング、外食も便利ですが、あえて時間をかけて一から手作りする機会も作ってみましょう。料理のプロセス全体を楽しむのが目的。レシピを調べ、どれを作るか選び、買い物に行き、そして結果を存分に味わいましょう。

癒やし効果抜群のガーデニング

多くの人が、ガーデニングは癒やし効果が高く、大きな満足感が得られると感じています。これにはもっともな理由があります。土壌中のバクテリアの一種、マイコバクテリウム・バッカエは、気分を高める神経伝達物質セロトニンを作るニューロン群を活性化するという研究結果が出ています。(注3) 何を育てるか迷ったら、野菜やフルーツ、ハーブ、スパイスを組み入れてみましょう。

プレゼントは買わずに手作りで

プレゼントを買わずに手作りするとお金の節約になるだけでなく、幸福感も増します。自分が作ったものを贈れば、その贈り物には大きな意味が生まれます。グリーティング・カードを作ったり、大切な人にケーキを手作りしたり、赤ちゃんへの贈り物に靴下や帽子を編んだり、結婚式で撮った友人の写真をフレームに入れて贈り物にしたりなど、さまざまな方法がありますね。ラッピングに凝ったりするのも楽しい作業です。

手先を使う子どもの遊び

子どもがいてもいなくても、手で物を作り出す遊びができない理由はありません。たとえば、日光浴の代わりに砂で城を作ってみましょう（写真を撮れば思い出にもなります）。テレビを観る代わりに、ブロックや積み木で何か作ってみるのも良いですね。

13/52

心と空間の片づけをする

毎日、増やすのではなく減らすことだ。不必要なものは大幅に減らしなさい。

——ブルース・リー（中国出身の俳優、武術家）

出かけるまぎわに鍵を探しまわり仕事に遅刻した。あるいは、机の前に座っているときに、心が遠くへ飛んでいき、次々と考えは浮かぶのに、1時間経っても考えがまとまらない……。そんな経験はありませんか？

乱雑な状態は心身に大きな影響を及ぼします。集中力や生産性を下げ、始めたことをやり遂げる妨げになるのです。

実際に散らかった環境にいると、集中力が上がらないという研究結果も出ています。さらに、乱雑なものが目に入ると、整頓された環境にいる場合に比べて、脳は情報を処理しにくくなります。物理的に散らかった状態を見たり感じたりすると、注意をそがれて神経がすり減り、精神的な力が奪われてしまうためです。

片づいた環境にいると、イライラやストレス、気が散ることが減り、生産性や集中力、

情報処理能力が上がります。（注1）

けれども、心の中の乱雑さには気づきにくいものです。その原因も無数にあります。考えることはたくさんあり、やるべきことも際限なくあります。仕事のうえでもプライベートでも、心の中は常に難しい問題でいっぱいです。あまりにもたくさんの情報が入ってくるため、すっきりと整った心を持つことは不可能にも思えます。

乱雑な心が脳の老化につながることもあります。コンコルディア大学（カナダ）の研究によると、関係のない情報を心から追い出すのに苦労していた人には、作業記憶の回想力や処理能力の低下が見られたそうです。（注2）

物理的にも心理的にも、雑然としたものを取り除くことによって、時間やエネルギーを節約し、イライラを減らせます。そのため、ストレスが減り、幸福度や生産性、集中力が増すのです。

新しい自分になるために今すぐできること

不要なものは思いきって処分

あなたにとって何の価値もないもの――日常生活に必要ない、個人的に重要でない、あるいは生活の質を高めないものなどがあれば、手放しましょう。誰かにあげるか、寄付するか、処分してください。一度に1カ所ずつ取り組み、その場所の片づけが終わってから次の場所に移るようにします。

置き場所を決めましょう

必要ないものを取り除いたら、今度は残っているものを整理しましょう。すべてのもの――事務用品、台所用品、記念品、写真など――の置き場所を見つけてください。整理ケースや引き出し、クローゼット、キャビネットを活用して、すぐに使う必要のないものはしまっておきましょう。

重要なことだけに集中して

頭の中に浮かんだ考えは、有益か無益かのどちらかです。不必要な考えはただの騒音にすぎず、重要なことから心をそらしてしまいます。考えが浮かんだら、次の質問に照らし合わせてみてください。今、重要なことですか？　将来重要になることですか？　役に立つ考えですか？　答えが「ノー」なら、それは心に留めておく価値がありません。

先延ばししていることに向き合うと……

対処する必要があることをそのままにしてしまうと、わたしたちの頭は役に立たない考えや情報で、すぐにいっぱいになってしまいます。たとえば、先延ばしにしていると、避けている計画や課題についてずっと考え続けなければならなくなります。優柔不断も脳のスペースのムダ遣いになります。いたずらに避けたり、先延ばししたりしていることに立ち向かえば、それを終わらせて頭の中から追い出すことができます。

メモに書き出して頭の中を一掃しましょう

頭の中が考え事でいっぱいになり、騒音ばかり立てるようになったら、頭の中を一掃しましょう。5～10分かけて、そのとき考えていることをすべて書き出します。役に立つものもあれば、そうでないものもあるはずです。あるいは、頭の中で同じ考えが少し形を変えてぐるぐるまわっているのに気づくこともあります。頭の中を一掃することによって、有益な方法で考えを整理できるのです。

PART 2

最高の毎日をつくりあげる

14/52

自分だけの目標を作る

幸せに生きたいなら、人や物ではなく、ゴールに結びつけることだ。
――アルバート・アインシュタイン（理論物理学者）

目標を設定し、その達成をめざすうちに、人生の意義や目的も大きくなり、幸福度も増します。また、はっきりした根拠に従って意思決定したり、優先順位を決めたりできるようになるのです。

目標は大きくても小さくてもかまいません。きちんと目標を定めておくことが大切で、これは自立した考え方――幸せになるための鍵――にもつながります。とはいえ、大きな効果を得るには、自分にぴったり合った目標を設定することが大前提になります。

メリーランド大学ビジネススクールの名誉教授で、リーダーシップ論とモチベーション論を専門とするエドウィン・ロック博士は、次のように述べています。

「ほかの人の目標を真似て、自分の目標を決めるような人は、決して幸せにはなれない。人の真似をしていたら、自分の人生をコントロールする力を失ってしまうからだ」。

一方、自分の価値観や興味、人生に求めるものに従って目標を決めるようにすれば、ほかの人に頼ることなく自由に考えられるようになり、自分が理想とする人間に近づくことにもなります。自分の成功や失敗に対する責任感が増し、成否の鍵を自分で握ることになるのです。

目標を定めることには自尊心を高める効果もあり、それは幸せにつながります。目標を達成し、それを達成リストに加えるたびに、自分にやり遂げる力があることを確認できるため、自信がぐんと高まり、自分への信頼も深まるのです。気負わずに新しい目標を決められるようにもなります。こうして生まれた自信は、ネガティブな考えや不安、恐れを追い払い、もっと前向きな見方や、やればできるという気持ちを生むのです。

老化防止という点からも、目標設定にはかなりの効果が見込めます。年齢を重ねるにつれて、わたしたちは目的意識を失いやすくなるのですが、そんなときこそ大切なのが目標設定です。常に成長モードでいると、やる気がみなぎり、生活に張りが出て、未来に対する夢も生まれます。その結果、行動力を失わずに広く柔軟な心を持ち続けることができるのです。これは老化を防ぎ、記憶力を維持するうえでとても重要なのです。

新しい自分になるために今すぐできること

ほかの誰でもないあなただけの目標を

ほかの人の考えや価値観に惑わされないこと。たとえば、両親が望んでいるからという理由で医学の道を志すのでは、両親の目標を選んでいるのと同じです。自分がやりたいこと、自分自身の価値観にもとづいた目標を見つけましょう。

大きな目標と小さな目標を使い分けて

大きな目標は、小さな目標より時間もエネルギーもかかるため、大きな目標ばかり立てていると、圧倒されてしまいます。大きな目標は、簡単に実行できそうな大きさに分解してしまいましょう（まさに本書の52の「ささやかな」習慣です）。小さな目標をひとつひとつ達成することによって、残りの目標をこなす意欲がわき、最終的にはもっと大きな目標が達成できます。

友人と過ごす時間がもっと欲しい。好きな趣味にもっと時間をかけたい。瞑想やヨガの時間を増やしたい……。こうした一見、ささやかな願いでも、れっきとした目標になります。日常の小さなことがきっかけで、大きな喜びが得られることもあるのです！

目標はSMARTEに

目標設定のコツとして、よくＳＭＡＲＴの法則――specific（具体的に）、measurable（数字で測れるように）、actionable（実行しやすく）、relevant（現実的に）、timely（適切なときに）の頭文字をとったもの――が紹介されます。

わたしは、これにＥを加えたＳＭＡＲＴＥな目標設定をすすめています。emotional connection（自分の気持ちに沿って）のＥです。なぜなら、目標の大きさにかかわらず、自分が達成したいと思う目標を選ぶことが大切だからです。

こまめな記録があなたをサポート

目標の大きさにかかわらず、進捗状況や問題点、どのように障害を乗り越えたのかを記録しておくと、目標に向かって進み続けるのに役立ちます。記録することによって、自分の行動をきちんと説明でき、成功や達成したことに対する責任感も得られるのです。また、目標に対してより真剣に向き合えるようになります。

15/52

やることリストを作る

達成できることを増やすための秘訣は、毎日「やることリスト」を作って、見えるところに置き、一日じゅうそれに従って行動することだ。

——ジャン・ド・ラ・フォンテーヌ（17世紀フランスの詩人）

やるべきことがたくさんあると、それを思い出そうとするだけで圧倒されてしまいます。けれども、時間を割いて書き留めておくようにすれば、忘れることもなくなり、ストレスが減ります。ソニア・リュボミアスキー博士によると、作業記憶の中で同時に覚えていられるのはせいぜい7〜9つだけだそうです。（注1）

リストを作れば、やるべきことの全体像をつかめるうえ、整理されていない仕事の山に秩序とまとまりが生まれます。優先順位をつけやすくなるので、マルチタスク（マルチタスクが生産性を下げることについては後で取り上げます）をせずにひとつのことに集中でき、生産性も効率も上がるのです。締め切りも書いておけば、最も急ぐことが何かを忘れずにすみますね。

リストに載っている事柄をやり終えて、それを消したり、チェック印を入れたりするときに味わえる達成感は最高です。自分は有能だ！と思えれば、そこから自信や自尊心が生まれ、幸福感にもつながります。

ちなみに、「リストに載っていないこと」にも注目してみましょう。

リストに載っていないことに何時間費しているのか振り返ってみてください。

たとえば、電話、ネットサーフィン、ＳＮＳ、テレビ、不要な会議などにどれだけの時間をかけていますか？

必要でないことにどれほど多くの時間を使っているのかがわかったら、生産性を上げるためにどれだけのことを省けるか、本当に必要な休憩時間はどのくらいなのかを決めます。次に、リストに１日の休憩時間をあらかじめ組み込み、始まりと終わりの時間をきちんと決めれば、気づかないうちに時間をムダにすることはなくなります。

新しい自分になるために今すぐできること

詰め込みすぎず、小さなことを書き込んで

リスト上のやるべきことが多すぎると、自分にはできそうにないと感じてしまいます。そこで、やるべきことは簡単にし、大きな課題は細かく分割することをおすすめします。小さな課題をこなしていけばやる気を失わずに大きな課題をやり遂げられます。

「今すぐリスト」と「未来のリスト」を作ってみて

長期的な課題と短期的な課題の区別がつくようにしましょう。期限の異なるものが同じリストに混ざっていると、混乱して課題をやり遂げる力や生産性が落ちてしまいます。たとえば、その日あるいは近い将来に関する「今すぐリスト」と、翌月、あるいは今後1年でするべきことを整理しておく「未来のリスト」を作りましょう。

リストは目的ごとに分けておきましょう

忘れ物を減らしてくれる「項目リスト」(買い物リスト、招待客リストなど)は役に立つのですが、具体的な行動を必要とするリストとは区別しておきましょう。また、「やることリスト」の項目はあいまいなものではいけません。たとえば、「家族旅行について考える」だとあいまいですが、「家族旅行の目的地を決める」とすれば、具体的な結果や決

断が求められます。

プライベートと仕事のリストをきっちり分けて

プライベートのリストと仕事のリストは分けておきましょう。たとえば、仕事上の大きな締め切りに間に合わせようとしているとき、同じリストに「病院の予約を入れる」という項目があると、気が散って集中力が下がります。

優先順位どおりにこなそう

毎日、リストの項目を見直し、1、2、3…と優先順位をつけること。1は最も急ぐもの、重要なもの、2はその次、3は必要なら待てるものを表します。その日の課題に取り組む際には、重要度の高いものから手をつけるようにします。

1日の終わりの振り返りが大切

1日の終わりに、リストを確認し、どれくらいの課題が達成できたか振り返りましょう。やり残した項目があれば、翌日のリストの一番上に加え、最初に取りかかれるようにします。特に難しい課題をやり遂げたときには、ゆっくり時間をとって達成感を味わいましょう。ごほうびなどで、自分をねぎらうことも大切です。

16/52

マルチタスクは禁止

わたしがひとつ学んだのは、注意を払うことに代わるものはないということです。
――ダイアン・ソイヤー（アメリカのジャーナリスト）

わたしたちはマルチタスクの時代を生きています。ソーシャルメディアのチェックや、オンラインでのチャットや、電話をしながら同僚にメールを送ったりします。洗濯物をたたみながらテレビを観るなど、状況によってはマルチタスクも良いのですが――集中力や安全の確保が必要な場合や締め切りに間に合わせなければならないような場合は、目の前の課題に全神経を集中させなければ、最良の結果は得られません。

物事を達成するうえで、マルチタスクは効率が良いように思われるかもしれませんが、実際は、生産性が落ちてストレスもたまり、記憶力にも精神状態にも悪影響を及ぼします。マルチタスクが得意と思う人も多いようですが、調査結果からは、一度にひとつの課題に集中した方がずっと生産性が高まることがわかっているのです。

マルチタスクが習慣になってしまっている人には、長期的な影響が見られました。スタンフォード大学の研究によると、頻繁にマルチタスクをする人の場合、大切な情報と無関係な情報を区別する能力が全般的に低下するため、頭の中がきちんと整理されず、課題から課題への切り替えがうまくいかない傾向が見られるそうです。(注1)

マルチタスクをすると、ストレスが強まって記憶力にも悪影響を及ぼします。このように、大きなストレスがかかるマルチタスクを常に続けていれば、短期記憶喪失につながる恐れもあるのです。(注2)

これほどの悪影響があるというのに、わたしたちはどうしてマルチタスクをしたくなるのでしょうか？　それは、マルチタスクによる刺激がドーパミンの分泌を促し、一時的に幸福感が高まるからかもしれません。(注3)けれども、常に注意散漫な状態が続くと、長期的には幸福度が下がることもあるのです。

最高の力を発揮できて課題がうまく達成できれば、大きな喜びが得られます。ところが、マルチタスクの場合、質をないがしろにして量を優先することになるため、疲れきってしまったり、きちんとした結果が得られずに失望したりといった結果に陥ります。また、処理しきれない量の情報が入ってくるため、優先順位づけや決断が難しくなり、全体としての幸福度が下がってしまいかねないのです。

新しい自分になるために今すぐできること

集中力の鍛え方とは？

一度にひとつの課題に集中するのが難しい場合には、時間を計るようにしましょう。1日目は20分間集中したら5分の休憩をはさむようにします。2日目には集中する時間を30分に、その次の日には40分に延ばします。時間を徐々に増やしていき、最終的には1～2時間、ラクに集中できるようになるのです。

考えをコントロールするテクニック

いつの間にかぼんやりしてしまう場合は、考えをしっかりコントロールしましょう。仕事のメールを書いているときに「会議電話の手配をしなくては」などと浮かんだらすぐに頭から追い出します。リストをそばに置いておき、頭に浮かんだことをすぐにメモできるようにしておけば、元の作業に注意を向け直すことができます。

自分が一番集中できる時間を見極めて

午前中に集中しやすい人もいれば、夜中が良いという人もいます。あなたが一番集中できる時間、そして一番気が散りやすい時間を見極めましょう、生産性が落ちる時間帯には単純な作業をすればいいのです。たとえば、午後3時ごろに気が散りやすいなら書類整理や片づけ、洗濯や掃除など、さほど集中力を必要としない作業を割り当てます。

最適な環境を整えて

引きこもって集中できる場所を決めておきましょう。その場所には気が散りそうなものは置かないでください。電話、(仕事に必要なければ) コンピューター、テレビ、ゲームなど、気をそらしそうなものはすべて取り除きます。

気分転換も大切

毎日、朝から晩まで同じ環境でいると、集中力が途切れてしまう人もいます。そんなときには、ストレッチする、コーヒーを飲むなど気分転換をしてから、もう一度仕事や課題に集中します。静かなカフェなど集中しやすい場所をいくつか見つけておきましょう。

コンピューターを使う時間を減らして

コンピューターは残念なことにマルチタスクの原因になりやすいのです。ブラウザやアプリをいくつも立ち上げるのはやめましょう。メールとSNSが最大の時間泥棒です。メールやSNSのチェックや返信は1日2回、1回30分までといった自分なりのルールを決めましょう。

17/52

決断できる人になる

20年後、あなたは自分がしたことよりもしなかったことに失望しているでしょう。
――H・ジャクソン・ブラウンJr.（アメリカの作家）

わたしたちは毎日決断を迫られます。ところが、小さな選択であっても、決断するのは思ったほど簡単ではありません。「間違った」決断をするのではないかという不安や恐れから、優柔不断になってしまいがちです。確かなものや最善の結果を求め、正しくありたいという思いに悩まされもします。

たいていの場合、「正しい」決断などないのです――さまざまな選択肢があるだけです。

そして、わたしたちを一定の方向に進めてくれるかぎり、選択の多くは完璧な決断となりうるのです。

「正しい」決断についてあれこれ悩みすぎると、多くの時間をムダにしたり、不安やストレスを抱えたり、場合によっては幸せや喜びを感じられなくなってしまうこともあるのです。

正しいか間違っているかという基準だけで決断しようとすると、予想外のことを経験する機会が限られてしまいます。決断を下さずに保留にしておくのが一番だと考えるかもしれませんが、それでは前には進めません。

実際、後悔している人を見るかぎり、行動を起こさなかったために後悔していることの方が多いのです。間違った決断のように見えても、何の決断もしないよりは良い結果が生まれることもあります。

新しい自分になるために今すぐできること

優先順位を決めてみて

自分の人生にかかわるような決断を迫られたときには、自分にとって絶対に譲ることのできない価値観や大切なことを忘れないようにしましょう。他人ではなく自分の価値観にもとづいた優先順位をつけておけば、簡単に決断を下せるようになります。

直感を信じたら何が起きる？

優柔不断の原因は自信がないこと、そして自分では決断できないと思い込んでいることにあります。とるべき道を選ぶためには、直感を信じ、自分自身を信じることが大切です。最良の選択をする力があることを自覚しましょう。

完璧主義は捨てましょう

完璧なものなどありません。完璧とはいかなくても、すばらしいと思えるものを受け入れましょう。どんな選択でも何らかの決断をすることが大切なのです。決断した結果が望み通りにならなければ、いつでも軌道修正できるのです。

選択肢を整理すると……

選択肢が多すぎるのも優柔不断のもとです。制約をもうけてコントロールしましょう。たとえば、ランチに行って何を注文するか決められないのなら、メニューの一部分（たとえば、サンドイッチ、サラダ、ピザなど）に絞り、そこから選ぶようにします。

制限時間をもうけてマイ・ルールに

決断を先送りにしてはいけません。制限時間をもうけましょう。新しいシーツを買いたいと思ったなら、あさっての午後というように時間の枠を決めて選ぶようにします。外出時、どれだけ迷っても10分で服を選ぶというふうにマイ・ルールにしましょう。

設定した条件に照らし合わせて

決断を下す前に、判断の基準となる条件を選びましょう。新しいジムへの入会を検討する場合、時間帯や費用よりも、雰囲気や設備の質の方が大切かもしれません。選択の際には、最も優先度が高い条件に照らし合わせ、合わないものはすぐに除外します。

失望と折り合いをつけて前に進もう

下した決断が最善のものではなく、結果が期待外れだと感じても、めげないで。結果を受け入れてそこから学べば、前進できるのです。

18/52

コンフォート・ゾーンから抜け出す

わたしたちの奥深いところにある力を見つけるチャンスは、人生の最も困難なときにやってくる。

――ジョーゼフ・キャンベル（アメリカの神話学者）

コンフォート・ゾーン（快適な領域）に閉じこもり、難しい問題を避けてばかりいると、成長する機会を失ってしまいます。一方、リスクを負うと決めると、幸福度や生産性、独創性を高め、成功や活力を高めることにつながる可能性が高くなるのです。

自分にとって大きな挑戦をすると、驚くようなことが起こります。現状に甘んじているときよりもエネルギーが増し、心が躍り、生きていることを実感します。居心地が悪く、極度の緊張を感じるようなことに挑戦すると、自分の限界を超えて、新しい、さらなる高みに向かうことになります。

その結果、それまでできないと思っていたことができるようになり、より良い自分へと成長できます。

自分の限界に挑戦すると、ちょうど新しいことを学ぶときのように、新しい神経連結が起こり、脳の可塑性も上がります。さらにプラスの結果が出ると、それまでの考え方を払拭するような新しい視点を得ることができ、知性と精神を若く保つことにもつながります。柔軟性や順応性が高くなり、この先の変化や思いがけない難題への心構えがしっかりできるようになるのです。

最後に、挑戦することは自信を高めることにもつながります。自分をどんどん駆り立て、挑戦したことがうまくいけば、それだけ自分の能力に自信が持てるようになります。リスクを負うごとに、コンフォート・ゾーンが広がっていきます。その先の難題に挑戦したいという意気込みが強くなるだけでなく、難題に圧倒されることも減るのです。

新しい自分になるために今すぐできること

「できない」から「できる」に発想を変えて

コンフォート・ゾーンを脱するには、自分ならできると信じる気持ちが大切です。わたしたちは簡単にあきらめがちですが、発展的な考え方をしていれば自分は常に成長すると信じ、難題は成長のためのチャンスととらえることもできます。失敗を受け止め学習プロセスと考えれば、成功するまで繰り返し挑戦できるようになります。

小さなことから始めましょう

すぐに大きなリスクを負う必要はありません。コンフォート・ゾーンを出ることに慣れていない段階では、起業するとか、飛行機から飛び降りるといった挑戦はあまりにも負担が大きすぎます。最初は小さなことから始めましょう。

仲間がいればがんばれる

成長や挑戦を楽しむ人を探しましょう。あなたの挑戦を支え、励ましてくれる仲間になるでしょう。一方、反対ばかりする人や否定的な人には要注意。あなたの挑戦を押しとどめたり、成長を阻んだりする可能性があります。

19／52

声を上げて自分を表現する

勇気とは立ち上がって声を上げることである。また、勇気とは座って耳を傾けることでもある。

――ウィンストン・チャーチル（イギリスの元首相）

人間は考えたことや感じたことを声に出す力を授かっているのですが、多くの人はこの才能をきちんと生かしていません。黙っていた方が良い状況もあるかもしれませんが、たいていの場合、声に出すことは大いに役立ちます。思ったことを率直に語れば人間関係や自信が強まり、ストレスが軽減し、キャリアアップにもつながります。

黙っていることを選び、感情や気持ち、考えや意見を声に出さずにいることが多いと、声を上げることはますます難しくなり、悪循環に陥ります。

一方、声に出し、それを前向きに使えば、驚くほどの効果が得られます。時間をかけて自分を表現することによって本音が伝わり、自分のことや自分が何を考えているのかをもっとよく理解してもらえるだけでなく、より密接な関係を築くことにもなります。さらに、自分を表現することによって、抑圧された怒りや恨み、ストレスなど、人間関係を傷つけ、がんや高血圧などの深刻な病気の原因となるものすべてを避けることができるとい

う研究結果も出ています。（注1）

声を上げることは自信や自尊心を育てるうえで大切です。思ったことを自分の中に抱え込むと、目の前の問題について意見がないというメッセージを、気づかないうちに発してしまいます。その結果、決断をほかの人にゆだね、考え方や感じ方を決められることになります。さらに、自分の直感が信じられなくなり、自分の考えとほかの人が自分に期待する考えとの区別ができなくなってしまうのです。

考えをはっきり言うこと、特に不評を招きそうなことを言うためには勇気が必要です。それでも、そこで勇気を出せば、やがて簡単にできるようになって自信がつき、自尊心も高まるのです。

自分を表現することは、ほかの人からの尊敬を得ることにもつながります。

たとえば、職場では、会議で発言し、アイデアや問題の解決案を声に出して伝えれば、議論に対する意見を持ち、分析的思考ができると示すことになります。ところが、黙っていると、同僚はあなたの付加価値に気づかず、あなたはチャンスを逃すことになりかねません。個人的な問題で黙っていれば、大切な人が反応したり、あなたの視点を理解したりする機会を失うことになります。気にかかっていることを口にすることで、変化への道が切り開かれるのです。

新しい自分になるために今すぐできること

あなたの弱点を見つけましょう

自分を表現するのが最も難しく感じるのは、いつ、どんな状況か見極めましょう。仕事中？　友人と一緒のとき？　それとも家族といるときでしょうか？　こうした状況や人々のどんなところが原因で黙ってしまうのかを把握しましょう。過去の経験のせいでしょうか？　表現したことで生じる結果を恐れているのでしょうか？　過去に声を上げて、否定的な結果になったことがあるのでしょうか？　自問自答を繰り返すことで、自分の意見を言うのを控える理由がより良く理解できるようになります。

まずは実践あるのみ

声を上げることに気まずさを感じるのなら、リスクの低い自己表現法を見つけましょう。パートナーとは違う映画が見たいと思ったら、相手にどんな映画が見たいのか伝えましょう。比較的小さく重要度が低いことについて自分の意見を言う練習をたくさん積めば、重要な事柄についてももっと自信を持って声を上げ、強く主張できるようになります。

不満は言わないと決めましょう

目的と前向きな意図を持って話しましょう。相手を尊重し、公正な立場ではっきりと簡潔に。それからほかの人の考えや気持ち、意見を言葉で表すことができるように、積極的に聞く練習もしましょう。

ほかの人を気にしすぎない

ほかの人の意見を気にして、自らの主張を止めてはいけません。言うべきことが、ほかの人を居心地悪くさせたり、イライラさせたり、完全に怒らせてしまったりすることもあります。けれども、たとえ不評を招こうと、言うべきことを言うことは、人間関係やキャリア、計画はもちろん、どんなことに取り組んでいるとしても、その道筋を良い方向へ変えるために必要なのです。

完璧主義は忘れて！

完璧な結果が得られないのではないかという不安から意見が言えないのなら、声を上げるのは前向きな対話の最初の一歩だということを思い出してください。あなたをA地点からB地点へと進ませる一歩なのです。

20/52

時間の箱を作る

時間を利用し、その利点を逃さないようにしなさい。
――ウィリアム・シェイクスピア（イギリスの劇作家、詩人）

アメリカでは生産性の向上のために「時間の箱＝タイムボックス」という概念が広く使われるようになってきました。タイムボックスというのは、ある仕事にかける時間を限定するという時間管理法です。完成するまで仕事をし続けるのではなく、一定の時間――たとえば30分間など――その作業をしたら、ほかの作業に移ります。

制限時間をもうける主なメリットは、集中力と生産性が上がることです。制限をもうけられると、作業プロセスを合理化し、優先順位をつけるようになるため、時間通りに完成させることができます。集中し、邪魔なものに目が行かなくなるため、生産性の向上につながるのです。さらに、メールチェックやネットサーフィン、ソーシャルメディアでのチャットなど、時間を浪費する行動が激減し、生産性は格段に上がります。

制限時間は先送りを減らし、イヤな課題をやってみようという意欲を起こさせてくれます。楽しくないことに限られた時間しかかけなくていいとわかっていれば、それほどイヤだとは感じないでしょう。そうなれば、完成に向けて一歩を踏み出そうという気持ちが生まれます。

制限時間をもうけることには、完璧主義的な傾向を抑える効果もあります。課題をやり遂げるのにいくらでも時間がかけられるのなら、すべてを完璧に仕上げるために、細かいところすべてにじっくり取り込むことは簡単です。すると、知らず知らずのうちに必要な時間の倍の時間がかかってしまいます。制限時間があれば、完璧であろうとなかろうと、終わらせなくてはなりません。

大きなプロジェクトに圧倒されたりしたときには、もっと管理しやすい小さな単位に分けて、制限時間をもうけるとうまくいきます。この方法は生産性が上がるだけでなく、小さな単位をひとつやり遂げるたびに、最終目標に向かって前進しているという実感も得られます。さらに、小さな課題の間に余裕ができ、終わった課題を振り返ったり、新たな視点から再びプロジェクトにのぞんだりできるようになるため、創造力も高まります。

制限時間をもうけることによって、ある課題やプロジェクトを仕上げるのにどれくらいの時間がかかるのかを把握することもできるので計画を立てるときにも役立ちますね。

新しい自分になるために今すぐできること

タイマーを使うと便利

スケジュール通りに行動するためにタイマーを用意しましょう。キッチンタイマー、携帯電話、コンピューターなど、どんなものでもかまいません。制限時間をもうけた仕事を始めるときには、必ずタイマーをセットし、アラームが鳴るまで続けます。仕事をしているときには、時間を確かめたいという衝動は抑えてください。タイマーが終了時間を知らせてくれるのを信じることが大切です。

課題を選びましょう

どんな活動にも制限時間をもうけることはできますが、次のような場合が最も効果的です。納税申告など、面倒でイヤな仕事で、やる気を引き出すのに余分な力が必要なもの。仕事上の大きなプロジェクトなど、あまりにも大きくて気が遠くなりそうなもの。ソーシャルメディアや、ニュースの閲覧、個人的なメールなど、すぐに「時間超過」になりがちなものなどです。

ちょうど良い制限時間を作ってみて

課題に見合った制限時間であると同時に、生産性が最大限になるような最適な制限時間を設定しましょう。たとえば、請求書の支払いなど、退屈で魅力のない課題なら、15～20分という短めの制限時間にしておくと、あまり苦痛を感じず、仕事に取りかかろうという意欲がわきます。

一方、課題が大きなプロジェクトの一部で、深い集中が必要とされる場合には、着実に進めることができるように、45分～1時間と長めに設定するといいでしょう。大切なのは適切な制限時間にすること。何の成果もあげられないほど短くもなく、難しい課題や退屈な課題で燃え尽きてしまうほど長くもなく、というさじ加減が大切です。

ほかの人にも制限時間を示しましょう

会議や電話は、長引いたり、時間の観念のない人に乗っ取られたりすると、とたんにムダで非生産的なものになってしまいます。相手を見下したり、軽んじたりしているように思われるのはイヤなものですが、会議や電話にきっちりと制限時間をもうけることは大切です。自分の制限時間に対して常に一貫した態度を守れば、ほかの人も尊重してくれるようになります。

21/52

生涯、学び続ける

今もこれからも、新しいことを学ぶように人生を歩みなさい。
――ヴァーノン・ハワード（アメリカの自己啓発作家）

生涯を通じて学び続けることで、心にすばらしい世界が広がります。わたしたちの脳には驚くべき能力がありますが、使わずにいると、ほとんど完全に失われてしまいます。

明晰な頭脳を維持するために、新しいことを学び、新しい技術を磨いて、常に自分に挑戦しましょう。

ほかの多くの器官とは違って、脳には常に変化する能力（「神経可塑性」あるいは「脳の可塑性」と呼ばれる現象）があります。（注1）

さらに、新しい研究によると、人間には生涯を通じて、脳のある部分（記憶や空間ナビゲーションをつかさどる海馬など）に新しい神経細胞を作る、いわゆる神経細胞新生能力があるそうです。（注2）

こうした生物学的プロセスが常におこなわれているということは、わたしたちには脳の細胞組織に物理的変化を起こし、新しい神経路を発達させる力があるということであり、それは認知機能を高め、老化作用を遅らせ、記憶力を高めることにつながります。

新しいことを学び、それにふれることによって、常に目新しいものや刺激がもたらされます。新しい技術を磨き、新しい知識を身につけ、自分自身についての新たな面を学べば、大きな充足感が得られるでしょう。

何かに全力を傾け、とことんまで追求したと考えるだけでも、自尊心やより大きな目標、成長したという実感が得られ、自信が高まるのです。

新しい自分になるために今すぐできること

毎週、新しいことを学びましょう

すべてあなたとあなたの興味に応じて決めればいいのです。新しいことに挑戦しようと自分を追い立てたくなるかもしれませんが、試験を受けたり、良い成績をとったり、優等生名簿に載ったりする必要はありません！　最も重要なのは、新しいテーマを楽しみ、新しい考えを生み出し、新しい経験をすること。そうすれば常に楽しく面白い挑戦ができます。自分が楽しいと思うテーマについてひとつ、ふたつ新しい事実を学ぶというような簡単なものでかまいません。

選ぶのは好きなもの

興味のないことを無理やり学ぼうとすると、イヤなことを学んでいるという思いが生じるのでやめましょう。どこから始めたら良いのかわからないときには、まず、やり方を知らないこと、理解できていないけれども理解したいと思っていることから始めるといいでしょう。たとえば、彫刻が好きでありながら、美術についてほとんど何も知らないのであれば、美術館で彫刻の歴史についての講座を受講したり、地域の美術教室で彫刻の授業をとったりするのもいいでしょう。また、友人の料理の腕前に感心しているのなら、料理教室に行くのもおすすめです。

結果ではなくプロセスを楽しんで

学びを楽しいものにするためには、完璧をめざそうとしてはいけません。それよりも、個人的な充足感や成長のことだけを考えましょう。そうすれば、具体的な目標を達成するとか、一番になることを気にかけずに、プロセスや経験をもっと楽しむことができます。

それから、新しいことを学ぶというアイデアに違和感を抱いたり、妙な気持ちになったりしても、問題はありません！　それは新しい方法で脳を使っている証拠なのです。何かを不自然に感じたり、最初に物事を把握するのに苦労したりしても、イライラは禁物。初めて何かを学んでいる子どもに対するのと同じように、自分に対しても寛大になりましょう。

広く深く学んでみましょう

広さにも深さにもメリットがあります。多様なテーマを楽しみ、現在の興味や強みの範囲外にあるものを学べば、脳内に新しく幅広いシナプスを発達させることができ、退屈しません。同時に、ひとつのテーマをより深く追求すれば、熱意を感じているものに関する知識基盤を広げ、強めることもできるのです。

少し難しいものにチャレンジ

なるべく簡単すぎないものを選ぶようにしましょう。たとえば、もともと文章には長けているけれども、視覚芸術が苦手という場合、脳の新しい分野——目と手の協調運動——に挑戦するために、絵画クラスや写真のワークショップへの参加を考えてみましょう。

大胆になってみたら

コンフォート・ゾーンの外にあるもの、少し怖いと感じる新しいものを思いきって学ぶことも大切です。こうした努力は、安全策をとった場合よりもずっと良い結果をもたらします。新しいものを学ぶことに永遠に縛りつけられるわけではありません。それが楽しめなければ、また同じことをする必要はないのです。ただ、リスクを負うことによって、自分の中にそれまで知らなかった面を発見することもあるのです！

学び方はさまざま

読むと覚えやすい人もいれば、映像や絵を使うとよく覚えられる人もいます。あるいは動くことや、説明を聞くことでうまく学べる人もいます。けれども、さまざまな方法を使って学んだ方が、脳の中のより多くの部分が働き、学んだことを定着させることができます。あなたにとっては映像を使って学ぶのが一番簡単なら、あえてテキストを読んだり講義を聞いたりして、さまざまな方法を使って自分に挑戦しましょう。

好奇心を持ち続けて

常に——大小にかかわらず——新しいことを学ぶチャンスを探しましょう。人生や世界についての好奇心は強ければ強いほど良いのです。情報を額面通りに信じるのではなく、物事をもっと深く調べましょう。たとえば、遺伝子組み換え食品を食べるのは良くないと聞いたなら、その理由をもっと深く掘り下げてみてください。

22/52

創造力を養う

創造力を使い尽くすことはできない。使えば使うほど増えるのだ。
――マヤ・アンジェロウ（アメリカの活動家・詩人）

自分を芸術的、あるいは創造的だと考えるかどうかは別として、人生において創造力を育てることには大きなメリットがあります。

創造力の表現を楽しむことは、面白いだけでなく生産性の高い方法で、日々の責任から心を解放してくれます。創造的なことに熱中しているとき、わたしたちはストレスから解放され、終わったときには、よりすっきりしたリラックスした気持ちになりますね。義務や仕事ではない創造的な作業によって元気を取り戻すことができるのです。

歌を歌ったり、景色を描いたり、短編を書いたりすることは、心の奥底にある気持ち、特に向き合うのが難しい感情にとってうってつけのはけ口となります。

創造力を発揮しているときには、最も自然で心地良い形で、自分自身を探って表現する自由を得られ、その結果、自己認識を深めることができるのです。

創造力の表現は自信と自尊心も育みます。危険を冒さずに実験し、評価することなく楽しめます。自分の方法で何かを創造し、生み出し、作り出す権利と自由があり、所有意識と充足感が得られるのです。

創造的な活動では、長時間にわたってひとつの活動に集中することを求められるため、集中力も増します。創造にかかわるとき、わたしたちは「フロー」状態（時間が経過する感覚がなくなるといった、生産性の高いゾーンにいるときの状態）になることができるのです。

研究によると、創造的な活動には、打たれ強く、若々しい心を保つ効果もあるそうです。（注1）創造力は広い心と柔軟性の上に成り立ちますが、脳の老化防止にとって重要な要素なのです。

創造的なことにかかわると、思慮や直感、洞察力を働かせる余地が生まれ、より良い見方、新しい洞察、明晰な考えが得られます。これらはみな、最善の意思決定に重要な要素です。

新しい自分になるために今すぐできること

一日に一回、創造力を楽しむ時間を

創造的な表現方法を楽しむ時間を作りましょう。カレンダーに時間を組み込み、創造のための時間を確保できるようにしましょう。1日10～15分ずつに分けてもいいですし、ピアノ、写真撮影、スケッチ、アクセサリーづくりなど何でもいいので集中して時間を過ごします。可能なら時間を伸ばしましょう。

評価主義を捨て、プロセスを楽しんで

創造的表現を楽しむ目的は、完成品を作ることでも、最高傑作を作ることでもありません。むしろ、創作のプロセスや創造活動そのものから恩恵を引き出すことが大切です。創造には正解も間違いもないことを忘れてはいけません。自分が作り出すものについて考えすぎたり、自分が生み出すものを評価したりすれば、そのプロセスは硬直し、ストレスの多いものとなります。

インスピレーションを得るために

インスピレーションを得る方法はたくさんありますが、何がきっかけになるかは人によってかなり異なります。自分の創造力を刺激し、燃え立たせるものを見つけましょう。

自然の中で時間を過ごすことをおすすめします。子どもたちと遊んで、開放性と柔軟性を促したり、音楽を聴いたり、自分の執筆を刺激するような文学を読んだりしましょう。それまでとは違う新しい視点を得るために、外国の映画を観ましょう。あるいは、創造スペースの壁に芸術作品を飾って、自分の中の芸術家を呼び起こしましょう。

プロに学んでレベルアップ

もちろん、創造力は自分で磨くことができますが、クラスを受講して自分が選んだ芸術形式のテクニックを学べば、違ったレベルの楽しみが得られます。クラスやレッスンを受講すると意欲がかき立てられ、表現力を高めてくれるような新しい方法にも触れられます。さらに、同じような熱意や興味を持った人々との結びつきも生まれ、意義のある友人関係が得られます。

23/52

やるべきことの予定を立てる

計画に失敗する人は、失敗する計画を立てているのだ。
――ウィンストン・チャーチル（元イギリス首相）

時の過ぎるのは早いもので、時間はどこへ行ってしまったのかという思いばかり残ることはよくあります。人生とは忙しいものです。時間をきちんと管理し、やるべきことを予定に入れておかないと、いろいろなことがこぼれ落ちてしまいます。

しかし、スケジュールさえ立てておけば、ストレスが減り、生産性も上がり、やりたいと思っていることを効率良く成し遂げることができるのです。

週3回ジムに行く、プロジェクトをやり終える、あるいは用事を片づけるなど、活動や課題のスケジュールを予定帳などにきちんと書き入れ、見てわかるようにしておきましょう。

さらに、活動のひとつひとつを現実的な時間枠で考えるようになるため、「時間がなくなったために」何かができなくなるというようなことも減ります。

予定帳を使うと、ムダな時間やエネルギーを省けます。似た課題や同じ場所でする必要のある課題をひとまとめにすれば、休憩や移動にかかるムダな時間を減らせます。やることをすべて覚えておかなければならないという責任からも解放され、心のエネルギーが解放されます。

さらに、スケジュールを立てることによって、全体像が見えるようになり、予期していなかった変更や状況にも対応しやすくなります。どんな影響があるのかを見極め、その状況に適切に対応することができるのです。

1日のスケジュールを守れば、生産性は最大になります。毎時間ごとの計画があれば、あまり重要でないことに気が散ったり、脱線したりすることもありません。

ひとつの活動に時間をかけすぎずにすむのもメリットのひとつです。たとえば、会議は時間のムダが多く、長引くことが多いのですが、あなたが会議を招集してスケジュール通りに進めれば、時間をかけすぎることもなくなります。

新しい自分になるために今すぐできること

予定帳の選び方

なんといっても簡単に続けられるものを選ぶこと。カレンダーからスケジュール帳、システム手帳、そしてソフトウェアやデジタル製品に至るまで、さまざまなものがあります。パッと見てすぐわかるものならどれでもかまいません。必要なときに簡単に情報を確認できるものを選びましょう。

できるかぎり具体的に

やるべきことをスケジュール帳に記入する際には、詳細を書いておきましょう。課題、会う相手、打ち合わせや活動の場所、電話番号や、必要な物など、できるだけ多くの情報を書き入れます。たとえば、電話会議の予定であれば、直通番号やパスコードなどを書き入れておけば、直前になって情報を探すことで生じる時間のムダやストレスをなくせます。

「何もしない時間」を作っておくこと

何かをやる際には、準備や移動、事前あるいは事後の詳細な計画が必要になります。たとえば、町の反対側でランチの約束があれば、移動時間が必要です。またジムに行くのであれば、ジムまで行って着替える時間、運動後にシャワーを浴びて着替える時間も必要。スケジュールの中に時間を確保するときには、この点を考慮しましょう。

予備の時間をとっておきましょう

思いがけない遅れや話し合い、電話、邪魔が入ってスケジュール通りにいかないこともあります。予定が滞ってしまったり、重要な打ち合わせや活動をしそびれたりしないように、予定を詰め込まないことが大切です。1日30分ほど予備の時間を設け、予定と予定の間に余裕ができるようにしましょう。予備の時間があれば、必要になったときに柔軟にスケジュールを変更できます。

毎日のチェックを忘れないで

活動や課題の予定ができたら、すぐに予定帳に書き込みましょう。こうすれば後で記入するのを忘れずにすみます。1週間の始まりに、その週のスケジュールを確認して、何があるのか心に留めておきましょう。毎朝、その日の予定を確認し、毎晩、その日やったことと、翌日の予定を確認しましょう。スケジュールを常に心に留めておくことで予定を詰めすぎたり、仕事に必要な準備ができていなかったりという事態を避けられます。

24/52

暮らしに遊びを取り入れる

1年分の会話よりも1時間の遊びの中で、その人について多くのことがわかる。
――プラトン（古代ギリシアの哲学者）

毎日の暮らしが、仕事ややらなければいけないことでいっぱいになると、人は楽しむことを忘れてしまいます。仕事中であっても、暮らしに楽しみを取り込めば、ストレスを減らし、人間関係を良くして、創造力や生産性を高めることにもつながります。

アメリカの国立遊び研究所の創設者であるスチュアート・ブラウン博士は、殺人者についての研究をしている際に、殺人者に共通するあることに気づきました。それは、子ども時代に遊びが不足しているという点です。それ以来、ブラウン博士は、アーティストやビジネス関係者、ノーベル賞受賞者、そしてもちろん受刑者など、何千人もの人にインタビューをし、「遊び歴」について聞き取り調査をしました。その結果、興味深いことに、遊びと成功には強い相関関係があることがわかったのです。

ブラウン博士は、著書『遊びスイッチ、オン！――脳を活性化させ、そうぞう力を育む「遊び」の効果』（バベルプレス）の中で、遊びがわたしたちの生活に及ぼす影響について論じています。

楽しんで何かをしているとき、当然ながら、わたしたちは幸せな気持ちになります。ところがそれだけではなく、遊ぶことによって、否定的な考えや感情が、肯定的で建設的、そして楽観的なものに変わるのです。

楽しんでいるときには、ストレス要因やジレンマ、難しい問題はあまり気にならなくなります。心がリラックスし、ひと休みした後で、新しい視点と回復したエネルギーで問題にもう一度取り組むことができるのです。

ブラウン博士は仕事に関しても言及していて、従業員に遊びの要素のあることをさせると、生産性や意欲の向上につながり、集中力や忍耐力も上がるとしています。

また、遊びによって脳内に新しい神経連絡経路ができ、そのプロセスで創造力が上がるということを裏づける根拠もあるそうです。楽しく遊びにかかわっているときには、抑制が外れ、自分の考えを検閲しなくなります。そんなわけで、グーグルのような先進的な企業が職場に遊びを取り入れるようになったのです。

新しい自分になるために今すぐできること

大人も楽しめる遊びを

フリスビーやキャッチボール、子どもたちと30分かくれんぼをするといった簡単な遊びでも、ありふれた1日に大きな喜びをもたらしてくれます。週末の夜には、街へ遊びに行くよりも、家族や友人とジェスチャーゲームのような遊びで盛り上がりましょう。冗談を言って時間を過ごすだけでも同じ効果があります。

「やるべきこと」は頭から追い出して

やらなければならないことや理屈は忘れましょう。他人の評価を気にする必要もありません。自分が幸せで楽しい気持ちになることをすればいいのです。

簡単なことで気分転換

ふざけたりくだらないことをしたりするだけでも、楽しい気持ちになります。冗談を言いましょう。知人の物まねをしましょう（もちろん善意で！）。オフィスでふざけたダンスもいいですね。笑顔になれるようなことをしましょう。たった数分でも、気分を盛り上げて独創性を解き放ち、生産性を高めるといった変化をもたらしてくれます。

生産性や幸福感を高めてくれる遊び

前述のブラウン博士の本で、遊びは生産性や幸福感を高める力のある触媒として論じられています。やる気が出なかったり、決断できずに行きづまっていたり、仕事や課題をスムーズに完成できずにいたりといった場合には、心に休息を与え、直面している問題についての新しい考えやアイデアを思いつくきっかけとなるような楽しいことをしましょう。

家族や同僚と遊ぶのも大事

友人や家族との遊びは、思い出や強い絆を作るのにうってつけの方法です。同僚と楽しむ遊びも見つけましょう。職場の人たちと楽しむことが多ければ、それだけ一緒に仕事をしやすくなります。また、可能なときには、楽しく遊び心あふれる人（子どもやペットも含めて）と一緒に過ごす時間を作りましょう。ほかの人の陽気なエネルギーが伝染して、緊張をほぐしてくれます。

25/52 目的をはっきりさせる

目的が現実を作る。

――ウエイン・ダイアー（アメリカの心理学博士）

目的を決めることによって、あなた自身と価値観や願望、性格、信念を結びつけられます。それゆえに、人生により大きな幸せや安らぎがもたらされるのです。

たとえば、寛大になること、ほかの人の支えになること、誠実であること、あるいは耳を傾けることでもかまいません。目的はあなたの心から湧き上がり、あなたの核となる部分を中心に巡ります。

わたしたちはみな開発途中の未完成品であり、わたしたちの人生も同じです。変化する環境に反応しながら、常に人生を形作り、舵取りをしているのです。

難題を突きつけられたとき、わたしたちは簡単に大局を見失ってしまいます。ですが、目的をはっきりさせようと意識すれば、一歩引いて、最も大切だと思うことや、どんな人間になりたいのか思い出す余裕が生まれます。今の自分を作り上げている核となる部分とのつながりを保つことで、より幸せになれるのです。

ハーバード大学医学部の神経科学者であるアルバロ・パスカル＝レオーネが行った調査から、何かについて考えるだけでも、脳の物理的構造や機能が変化することがわかりました。

この調査はふたつのグループを対象とし、一方のグループには毎日2時間、5日間にわたって5本指を使ったピアノの練習をしてもらい、もう一方のグループには練習することを考えてもらいました。

その結果、どちらのグループも脳の運動皮質に変化が見られました。この調査結果からは、何かをしようという目的を持つことが、実際にそれをやる場合と同じように、脳の配線に大きな影響を及ぼすことがわかります。(注1)

目的を決めることによって、意思決定が方向づけられ、思考や行動の道筋がつけられます。結果がどうであれ、自分の行動が自分の信条や価値観に一致しているという自信が得られると、決断や自分自身に対する安心感が強まるのです。

新しい自分になるために今すぐできること

「朝時間」の過ごし方が大事

目覚めた瞬間からどう行動するかが、その一日に大きな影響を及ぼします。たとえば、ダイエットしようとしている場合、健康的な朝食をとり、朝からジムに行けば、その後も適切な選択をする可能性が高くなります。反対に、ジムに行くのをサボり、健康に悪い朝食をとれば、その日の残りの時間も不適切な決断をするようになります。

これは思考についても同じです。肯定的な考えで1日を始めれば、一日じゅうその波及効果が得られます。目的を決めるのはいつでもかまいませんが、毎日、目的を決めるところから始めれば、その後の時間の雰囲気を決めることになります。

幸せと安らぎを忘れないで

目的が何であれ、それはよりあなたをより高い次元に押し上げるものであるべきです。物質的なことや具体的な結果ではなく、あなたをより大きな幸せに導くような目的に集中しましょう。根本的なところで、あなたがどんな人間になりたいのかを、偽りなく示すような目的にすべきです。

今この瞬間に集中しましょう

目標と違って、目的は「今ここにあること」を表します。遠い未来まで見てはいけません。今この瞬間やりたいことに集中しましょう。たとえば、助言が必要な友人に会うのであれば、その目的は意見するのではなく耳を傾けることです。親としてわが子と1日を一緒に過ごすのであれば、その目的は自分を解き放ち、子どものようにふるまって楽しむことです。

ほかの人に影響されないで

目的を決める際には、自分自身と自分の願望に忠実になること。自分は何者なのか、本当に欲しいものは何か、自分にどんな期待をしているのか考えましょう。ほかの人が欲しいものやほかの人があなたに期待することに従ってはいけません。

26/52

脳のトレーニングをする

脳は筋肉のようなものだ。脳を使うと気持ちが良い。理解するということは喜びに満ちあふれたことなのだ。

――カール・セーガン（アメリカの天文学者、作家）

身体的なトレーニングが体に良いように、頭脳のトレーニングも脳のためになります。最近の研究からは、認知力トレーニングとしても知られる脳の健康トレーニングは、脳の機能に非常に良い影響を及ぼすことがわかっています。

認知力トレーニングは新しくやりがいのある経験によって、脳機能を維持し、成長させることができるという考えにもとづいたものです。言い方を変えれば、脳のトレーニングによって脳機能を高められるということになります。

脳の働きを高める運動は、（言語理解、学習、そして論理的思考にとって重要な）作業記憶、集中力、思考の速さ、精神的な柔軟性を維持する能力を大きく向上させます。（注1）

さらに、いわゆる「流動性知能」（それ以前の習得知識の有無にかかわらず、問題を解決

する力）を高める働きもあります。（注2）

また、脳の定期的なトレーニングには、記憶力を守り、加齢に伴う認知機能の低下やアルツハイマー病などの認知症の発症を遅らせたり、防いだりする効果もあります。（注3）

こうした活動は早いうちに始めれば、それだけ効果も上がります。子どものころから成人期までずっと、認知機能を使った難しい活動をしている人の脳は、50歳分若い人の脳に相当し、またアルツハイマー病と関連する脳のプラークができにくいという研究結果が出ています。（注4）

若い人にとっても脳トレーニングのメリットはあります。認知力トレーニングは子どもの作業記憶を向上させ、学力にもプラスに働くという研究結果が出ています。（注5）

新しい自分になるために今すぐできること

認知力がアップするトレーニング法とは？

認知力トレーニングは大きな効果があります。ただし数独やクロスワードパズルは楽しいものですが、実は具体的なゲームが上手にはなっても、本当の意味で認知機能が向上するわけではないのです。それよりも、次のような脳の４つの領域を鍛える認知力トレーニングをしましょう。

・記憶（トランプ、クロスワードパズル、チェス）
・注意と集中（読解、パターン記憶・認識）
・認識と問題解決（計算や数学、文章題）
・速度と空間認識（テレビゲーム、ジグゾーパズル、迷路、オリエンテーリング）

新しいゲームを覚えましょう

常にアンテナを張って新しいゲームを探し、恐れずに挑戦しましょう。インターネットで脳の健康についての新しい本や認知力トレーニング・プログラムを探しましょう。トランプの新しいゲームをしたり、友人や家族と新しいボードゲームをしたりして楽しみましょう。新しいルールや形式を覚えることが、心を新鮮な状態に保ちます。

難易度が上がるものにチャレンジ

さまざまなゲームや訓練が速く上手にできるようになったら、チャレンジし続けるために新しいレベルやもっと難しいレベルに進むべきです。

ほかの人とも楽しめるように

ほかの人と一緒にゲームをすることによって脳のトレーニングはより楽しいものになり、社会的なメリットも得られます。トランプが好きなら、1週間に1度トランプを楽しむグループを作りましょう。直接会って行うゲームに参加するのが難しければ、友人と一緒に毎週クロスワードパズルに挑戦するのもおすすめです。

あえて計算機を使わないで

計算機に頼っていると、簡単な算数の問題にも脳を使わなくなってしまいます。ところが、簡単な算数の問題はあなたの脳をつま先立ちの状態にしておくのに大いに役立つのです。セール価格を計算する必要があったら、頭の中で計算するようにしましょう。

歌か詩を週にひとつ覚えたら

歌や詩を覚えることは、頭を記憶モードに保ってくれます。脳の働きを維持するために、毎週ひとつ覚えるようにしましょう。

PART 3

すこやかな自分に出会う

27/52

瞑想を取り入れる

今この瞬間は喜びと幸せに満ちている。注意していればそれが見えるだろう。
——ティク・ナット・ハン（ベトナム出身の禅僧・平和運動家）

「瞑想」と聞くと、チベットの僧院で朗々と念仏を唱える修道僧たちのイメージが浮かぶかもしれませんが、実は簡単でとっつきやすく、いつでもどこでも実践できます。瞑想には何千年にもわたる歴史があり、わたしたちの心身の健康に大いに役立つのです。瞑想をすると、心が安定しておだやかで安らいだ気持ちになり、瞑想が終わった後もそれが長く持続します。

マインドフルネスやヨガの人気についての調査によると、ここ数十年の間に瞑想は広く浸透してきました。瞑想をすることで心の中の雑念が消え、人生が明確になって集中しやすくなります。また、新しい視点が生まれ、将来の見通しも明るくなり、ストレスを上手にコントロールして自己認識を深めることができるようになります。

瞑想は、記憶力や学習プロセスにおいても長期にわたってプラス効果をもたらします。

瞑想が習慣になると、学習や記憶にかかわる海馬などの脳構造で灰白質が増え、一方で、ストレスの軽減と相関関係にある扁桃体《へんとう》の灰白質の密度が減るという研究結果も出ています。（注1）

瞑想には心を落ち着ける効果があり、雑念を追い出し、集中力を高めることにつながるのです。ワシントン大学でおこなわれた研究からは、瞑想プログラムに参加した人は次々と違う仕事に手を出すことが減り、集中力が長く続くようになるという結果が出ています。また、瞑想プログラムに参加しなかった人と比べると、自分がした仕事の詳細をより正確に覚えていられるそうです。（注2）

瞑想はわたしたちが現在に留まり、批判や過去の心の傷、ネガティブな考えや経験を解き放つように促すため、心の中に平穏を見出し、よりポジティブで幸せになれるのです。

瞑想の間、つい違うことを考えてしまうこともあります。そんなときには、考えていることをさっと心に留め、それから呼吸やマントラ、そのほか集中していることに気持ちを戻します。間違っても、自分を批判したり非難したりし始めてはいけません。瞑想中に違うことを考えてしまうのはよくあることです。率直な気持ちで、自分に愛情を持って瞑想しましょう。

新しい自分になるために今すぐできること

まずは毎日の誓いを立てて

毎日実践することを誓いましょう。初めてなら、5分の瞑想から始め、数週間か数カ月かけて1日20分間くらいまで徐々に時間を延ばしていきましょう。

静かで落ち着ける場所選び

静かで落ち着ける場所を見つけましょう。公園でも自宅の片隅でもかまいません。一定の時間（20分間が理想ですが）座っていられるなら、どんな場所でもいいのです。

あなたにとってベストの時間帯はいつ？

1日のうちで一番気が散らずに瞑想できる時間帯を選びましょう。早朝や深夜がうまくいくようです。瞑想の終わりの時間がわかるようにタイマーも使うといいでしょう。

リラックスできる準備を

瞑想中に大切なのは心地良さです。動きにくい服は避けましょう。伝統的な瞑想は、両手を膝か腿の上に置くインド式の座り方でおこないますが、一番大切なのは心地良くまっすぐな姿勢をとることです。目は軽く閉じましょう。

瞑想は最高のマインドフルネス

瞑想を始めるときには、まず、なぜ瞑想したいのかをしっかり意識しましょう。ストレスをなくしたい、怒りや恨みを取り除きたいという目的でも良いですし、単に今この瞬間に集中することを目的にしても良いでしょう。

5つ数えながら呼吸しましょう

呼吸は胸ではなく腹部の深いところから横隔膜を上下させるように行います。息が鼻から入って、喉を通り、肺に達するまでの動きを感じます。ゆっくり5つ数えながら息を吸います。そのまま1秒息を止め、それから5つ数えながら息を吐きます。

28/52

コーヒーより緑茶を飲む

お茶には人生についての静かな瞑想の世界へといざなう働きがある。
——林語堂（中国の文学者・言語学者）

アジアの人々は何世紀にもわたって緑茶を飲んできました。近年では西洋においても緑茶の人気が増していますが、それには十分な根拠があります。緑茶は頭や体、そして心に、驚くほどの効用があるのです。

植物化学物質を多く含む緑茶には老化防止の働きがあり、アルツハイマー病やパーキンソン病などの神経変性病のリスクの低下に関係があるとされてきました。（注1）研究結果によると、緑茶に含まれるポリフェノールは没食子酸エピガロカテキン（ＥＧＣＧ）とも呼ばれ、学習や記憶をつかさどる海馬の神経新生を高める作用があるそうです（注2）。また、緑茶に含まれるタンニンのひとつ——ガロタンニン——には、脳卒中やそのほかの外傷による脳の損傷を防ぐ働きがあります。（注3）70歳以上の日本人１０００人を対象にした研究では、緑茶を多く飲む人の場合、認知機能障害の罹患率が低くなるという結果

も出ています。（注4）

緑茶にはストレスを和らげる働きもあると考えられています。日本で行われた研究では、緑茶の摂取量と心理的苦痛には逆比例の関係があることがわかっています。（注5）

さらに、緑茶に含まれるポリフェノールには、気分高揚作用のある化合物であるドーパミンの濃度を上げる働きがあります。それどころか、緑茶を読むことによって、うつ病の症状に苦しむ人にプラスの効果が現れるという調査結果も出ているのです。（注6）

集中力や生産性を高めたいときには、緑茶は完璧な解決策になります。

緑茶には刺激性のあるカフェインが含まれていますが、普通のコーヒー1杯に含まれるカフェインよりもかなり量が少ないため、コーヒーを飲みすぎたときによく現れる神経過敏の症状に苦しむこともありません。すばらしいことに緑茶には抗不安作用があり、精神的敏捷性や注意力の強化と結びつけられるL―テアミンという独特のアミノ酸にあります。（注7）カフェインとL―テアミンの両方を含む緑茶には、特に脳機能を高める効果があるのです。（注8、9）

新しい自分になるために今すぐできること

量はどのくらい？

緑茶はまったく飲まないより飲んだ方が良いのですが、理想としては最低でも1日2、3杯は飲むべきです。日本で行われた研究結果によると、毎日緑茶を最低2杯飲んでいる人は、認知機能障害を示す可能性が54パーセント低くなるそうです。（注10）

カフェインを減らす効果が

コーヒーを飲みなれているのなら、毎日1杯を緑茶に替えてみましょう。朝のコーヒーをやめるのがつらいと思ったときには、緑茶には神経過敏を引き起こさずにカフェインを摂取できるメリットがあることを思い出して。さらに、緑茶は集中力を高めてくれるので、気持ちよく仕事を始めるのに完璧な飲み物なのです。

1日を通して楽しんで

普通に淹れたコーヒーの場合、約240ミリリットルあたりだいたい95〜200ミリグラムのカフェインが含まれます。ところが、緑茶は約240ミリリットルあたり24〜40ミリグラムしかカフェインを含みません。ですから、緑茶であれば、カフェインのとりすぎを心配せずに、コーヒーよりもたくさん飲むことができるのです。ただし、カフェインに敏感な体質の人は、睡眠パターンを乱さないように、就寝前は緑茶を飲むのを避けた方がいいでしょう。

抹茶を試してみましょう

抹茶は緑茶の茶葉全体を細かく砕いて粉にしたものです。普通の緑茶と異なり、抹茶の場合は茶葉から抽出した液だけでなく茶葉そのものを摂取することになります。抹茶を支持する人たちによると、食物繊維を多く含むなど、抹茶は緑茶に比べてはるかにメリットが多いそうです。

抹茶の伝統的な作法では、細かい粉に湯を注ぎ、すばやく泡立て、粉が下に沈む前に飲みます。このほか、抹茶を使ってラテやスムージー、自家製の抹茶アイスクリームを作ることもできます。

29/52

マッサージで心と体をほぐす

体は大切なものであり、覚醒の手段となるので、ていねいに扱うこと。

――仏陀（仏教の創始者）

マッサージは心身ともにたくさんのメリットがあります。これまでも、ストレスや緊張を和らげ、血圧を下げ、眼精疲労や頭痛、痛みを軽減する効果があるとされてきました。

また、睡眠パターンや呼吸、心身相関全般を改善し、ストレスを緩和します。特にストレスの多い状況にある人にとっては大きな効果があります。

ある研究では、妊娠中の女性に週に2回20分のマッサージを5週間にわたって受けてもらいました。実験後、妊婦たちは不安感が和らぎ、気分や睡眠の質がよくなり、腰痛が軽減したと回答しています。さらに、ドーパミン（幸せホルモン）のレベルは25パーセント増加していました。（注1）

マッサージにはストレスを和らげる効果があるという説には生理学的根拠もあります。調査によると、マッサージによってコルチゾール（ストレスホルモン）のレベルが平均で

31パーセント下がるという結果が出ています。また、心的状態にかかわる重要な神経伝達物質であるドーパミンやセロトニンのレベルを、平均でそれぞれ31パーセント、28パーセント上げることもわかっています。(注2)

マッサージは睡眠パターンの改善にも関連づけられてきました。たった数分のマッサージでも十分効果があります。『ホリスティック看護学会誌』で発表された試験的研究によると、被験者の背中を3分間ゆっくりマッサージしただけで、マッサージを受けていない人と比べて36分長く眠れたそうです。(注3)

実は、マッサージは頭痛や片頭痛の悩みにも効果があります。2006年の研究では、片頭痛を持つ被験者に13週間のマッサージプログラムを受けてもらいました。対照群と比べると、マッサージを受けた被験者は片頭痛の頻度が減り、睡眠の質が高まったという結果が出ています。(注4)

新しい自分になるために今すぐできること

10分間でもいいから始めてみて

時間をかけなくても効果は得られます。たった10分でもいいのです。パートナーや友人に足をさすってもらったり、ショッピングモールのマッサージチェアを使ったり……。浴室にマッサージシャワーヘッドを取りつけたりすれば、毎晩楽しめます。

クラスに参加して学んでみましょう

マッサージのクラスに参加し、効果的なマッサージ法とコリをほぐす方法を学びましょう。習ったことを自分自身や家族・友人に施すこともできます。友人やパートナーと一緒にクラスを受講すれば、楽しみも増えますね。

夜はマッサージでリラックス

パートナーや友人と映画に行ったり、町へ繰り出したりする代わりに、週に1回はマッサージの夜にしましょう。さまざまな方法が書かれた本を手に入れて、互いに試してみましょう。心地良い音楽やキャンドル、やわらかい布などを使って静かな雰囲気を演出し、リラックスした夜にしましょう。邪魔されることなく十分にリラックスできるように、テクノロジー機器の電源はすべて切っておくこと。

30／52

静寂を求める

静けさは大きな力の源である。

――老子（中国・周の思想家）

目覚ましが鳴って1日の始まりを告げたときから、夜、目を閉じて眠りにつくまで、わたしたちの多くは雑音、言い換えれば、騒音を浴びせられています。立ち止まって耳を澄ましてみてください。人々がおしゃべりする声、サイレンが鳴る音、窓の外を車が走る音、少なくとも、部屋にある電化製品が出す音に気づくでしょう。至るところで雑音が聞こえ、わたしたちの精神に害を与えるのです。

あまりにも雑音が多いと、生物学的なストレス反応が起こります。

古いミュンヘン空港が閉鎖され新しい空港が開かれるまでの期間におこなわれた研究では、切り替えの前、最中、後に両方の敷地近くの学校の生徒たちを調査対象としました。そして、現在稼働している空港に近い学校の生徒は、閉鎖された空港の近くの生徒と比べて、ストレスホルモンであるアドレナリンとコルチゾールのレベルが高いという結果が出

ています。(注1)

道で鳴らされるクラクションから廊下で交わされる大声の会話に至るまで、あらゆる雑音はわたしたちの思考プロセスを妨害し、パフォーマンスを低下させ、集中力を弱めます。

ミュンヘンでおこなわれた同じ空港に関係する調査で、古い空港の近くの生徒は、最初のうち記憶力と読解力テストの点数が低かったのですが、空港が閉鎖されると点数は良くなりました。それとは逆のことが新しい空港の近くの生徒に起こりました。つまり、新しい空港がオープンした後で点数が下がったのです。(注1)

また、雑音があまりにも度を超えたり、異常に高いデシベルに達したりすると、精神的疲労や不安感、さらには攻撃性につながる可能性もあります。(注2)

静かでおだやかな環境で過ごすことは健康回復にも効果的です。脳に必要な休息をもたらし、リラックスすることができます。

絶え間なく混乱させられることなく集中する機会や、日中(そして夜も)にわずかな平和と静けさをもたらしてくれるのです。

新しい自分になるために今すぐできること

とにかく雑音を最小限に

特に騒がしい場所では、聞こえる雑音の量を減らす方法を考えましょう。たとえば、電化製品が古くてうるさい音をたてるのであれば、低音設計の新しい製品の購入を検討しましょう。交通量の多い通りに住んでいるのであれば、窓を防音効果のあるものに替えるか、少なくとも窓に外の雑音を低減させる工夫を施すことを考えましょう。

自然豊かで静かな場所で過ごしましょう

騒がしい場所にばかり行かずに、もっと静かで落ち着いた環境を選びましょう。友人とにぎやかなカフェで会うよりも、公園でピクニックをし、スポーツ・イベントに行くよりも、近所の公園や海岸で楽しい時間を過ごしましょう。

雑音を消したら……

雑音を避けられないのであれば、簡単な道具を使って雑音を物理的に消すこともできます。たとえば、騒がしい職場環境で仕事をしていると、ストレスレベルが上がり、集中力や生産性が落ちる可能性があります。旅行中であれば、ノイズキャンセラーのついたヘッドフォンか耳栓を使って、大声でのおしゃべりやジェットエンジンの音や線路を走る列車の音を遮断しましょう。

大音量の電化製品の使い方

音の大きな電化製品――ドライヤーやフードプロセッサー、掃除機など――の使用は最小限にしましょう。テレビを観たり、音楽を聴いたりする際には、音量を小さくしておきましょう。試してみると、かなり小さな音量でも楽しめることがわかります。

静かな夜を過ごしてみましょう

テレビや音楽、テレビゲームなど、騒々しい道具を使って気晴らしをして静寂を埋めようとする人が多すぎます。それが乗じて、人恋しさから、あるいは眠りにつくためにテレビをつけっぱなしにしておく人までいます。

静寂の中で時間を過ごすことは驚くほどの効果が得られます。週に一度は、雑音ができるだけない、あるいはまったくない静かな夜になるように心がけましょう。同居人がいるなら、この試みに加わってもらいましょう。読書やトランプをしたり、ベランダに座って耳を澄まし、コオロギの鳴き声や木の葉を揺らす風の音を聞いたりするなど、静かな楽しみを見つけましょう。

31／52

体に良い油をとる

汝の食物を薬に、汝の薬を食物にせよ。

――ヒポクラテス（古代ギリシアの医者）

健康な体のためには栄養をとることが大切であることは否定できません。食べ物は脳にも大きな影響を及ぼします。

人間の脳の約60パーセントは脂肪でできているため、脳の機能を維持するためには良い脂肪を摂取することが大切です。トランス脂肪酸や動物由来の飽和脂肪酸を多く含む食事は、認知症、うつ病、認知障害のリスクを高め、一方、不飽和脂肪酸を多く含む食事は精神衛生上の問題が起こるリスクを下げ、認知機能を高めるとされています。

サケやイワシ、ニシンなどの魚には、脳の働きを高めるオメガ3必須脂肪酸が含まれています。オメガ3には脳細胞を産生・維持する働きがあり、認知症、うつ病、認知低下のリスクを下げ、集中力と記憶力を高める効果があります。（注1、2）必須脂肪酸は体内で作ることができないため、食べ物から取り込まねばなりません。

植物から摂取しにくいＥＰＡやＤＨＡの形で必須脂肪酸を含む魚は、その最適な供給源となります。エビや貝などには、健康な神経と脳細胞にとって重要で、うつ病を防ぐとされるビタミンＢ12も豊富に含まれます。（注３）

ビタミンＥが豊富で、フリーラジカル（傷ついた細胞から出される活性酵素）による損傷と戦う抗酸化物質を含むナッツや種子類には、認知機能を高める働きがあることがわかっています。植物由来のオメガ３脂肪酸の含有量が多いクルミは、ナッツ類の中で特におすすめです。

アボカドやオリーブ（さらに、それぞれから抽出した油）には一価不飽和脂肪酸が豊富に含まれます。一価不飽和脂肪酸は脳細胞膜構造の維持を助け、健康な血流を促進して脳への酸素供給を増やし、血圧を下げるため、認知機能にとって重要です。アボカドやオリーブオイルを摂取すると、記憶力が高まり、認知低下を防ぐことができるという調査結果も出ています。（注４）アボカドやオリーブオイルにはほかにも、ビタミンＥを豊富に含むというメリットもあります。

少量摂取ですごい効果！

ナッツや種子、アボカド、オリーブオイルなど、健康的な脂肪を多く含む食物を摂取する際に忘れてはならないのは、これらはカロリーも多いため、適度に摂取することが大切だという点です。１人前の量としては、ナッツや種子なら４分の１カップ以下、アボカドなら４分の１から半分、オリーブオイルやアボカドオイルなら大さじ１が一般的です。

とにかくサーモンを食べましょう

いつも天然の鮭を選ぶようにしましょう。ほかの魚よりもオメガ３が多く摂れるだけでなく、メカジキやマグロなどの大型魚に高濃度で含まれている可能性のある水銀の摂取を避けることにもなります。調理をするときは、煮る、網焼き、オーブン焼きなどにして、とにかく油で揚げるのは避けましょう。魚自体を好きでなければ、ＥＰＡやＤＨＡを豊富に含むオメガ３サプリメントをとるようにしましょう。

ナッツや種子類はスーパーフード

クルミや種子類を美味しく食べる方法はたくさんあります。たとえばおやつには、クルミか種子類ひとつかみ分とフルーツ一切れを一緒に食べましょう。繊維やビタミン、ミネラルがたっぷりのバランスの良いおやつになります。刻んだクルミ大さじ1〜2杯分、あるいはオメガ3たっぷりの亜麻の種子の粉末を大さじ1杯分をサラダやヨーグルトにトッピングするのもいいですね。ピーナツバターのサンドイッチが好きなら、ピーナツバターの代わりにクルミバターを使いましょう。

おすすめはオリーブやアボカド、そのオイル

オリーブはパスタ料理などに使い回しのきく便利な食材です。サラダにはできれば手作りのドレッシングをかけ、アボカドオイルかエキストラバージン・オリーブオイル（EVOO）を使いましょう。EVOOは最も純度が高く、健康に良いオリーブオイルです。

卵を毎日食べると健康的

朝食に卵1、2個分のスクランブルエッグか、昼食に固ゆで卵1個を食べましょう。卵はコレステロール含有量が多いと不当な非難を浴びてきましたが、新しい研究では、健康な食事の一部として食べる分には、血中コレステロール値が高くなることはないとわかっています。（注5）

32/52

ぐっすり眠る

夜には難しいと思った問題が、睡眠の働きによって朝になると解けるというのは、よくある経験である。

――ジョン・スタインベック（アメリカの小説家・劇作家）

子どものいる方なら睡眠の大切さは誰よりもよくわかっていることでしょう。子どもの睡眠不足は、ぐずったり、不機嫌になったり、扱いにくくなったりと、極めてはっきりした形で表面に現れます。これにはもっともな理由があります。というのも、睡眠は脳の発達や機能にとって非常に重要で、子どもやティーンエイジャーはもちろん、幼児や大人にとっても同じように、睡眠の質が精神衛生に大きな影響を及ぼします。

十分な睡眠は、正常な認知機能にとって不可欠です。

十分な睡眠がとれないと、エネルギーレベルが下がり、集中できなくなります。睡眠中も、脳は昼間に起こったことを目まぐるしく処理し、記憶や出来事、学習したこと、感覚入力、感情を結びつけます。

レム睡眠は特にこの分野で重要な役割を果たし、脳が新しい情報を記憶に留める「記憶の固定」を助けます。睡眠が妨げられたり、十分でなかったりすると、このプロセスが妨げられ、学習能力や記憶力が衰えてしまいます。

睡眠には正しいホルモン・バランスを保つ役割があるため、気分やストレスレベル、幸福度にも大きな影響を及ぼします。睡眠時間を削ると、セロトニン（幸せホルモン）とメラトニン（睡眠——覚醒サイクルを管理するホルモン）のレベルが落ち、コルチゾール（ストレスホルモン）が増えるため、神経過敏、イライラ、落ち込み、不機嫌、その他の精神衛生上の問題を引き起こします。

慢性的な睡眠不足の場合、医学的な影響としては、高血圧、心臓発作、心不全、脳卒中、うつ病やその他の気分障害、注意力欠陥障害（ＡＤＤ）などの精神医学上の問題、精神上の障害などが挙げられます。妊娠中に睡眠が不足すると、胎児や小児期の成長遅延をもたらす可能性もあります。（注1、2）

要するに、夜の熟睡は心と体に驚くほどの影響を及ぼすのです。

新しい自分になるために今すぐできること

眠りの聖域を作りましょう

寝室を、健康的な睡眠習慣をもたらす「睡眠ゾーン」にしましょう。

・マットレスと枕（自分にぴったり合ったものを選ぶこと。なるべく高価なものを）
・シーツ、リネン類、パジャマ（とにかく心地良く感じるもの・安物は避ける）
・室温と湿度（研究結果によると、寝室の室温は15・5〜20℃が最適）（注3）
・眠るためだけの場所にする（寝室を仕事や娯楽に使わないこと。スマホは禁止）

睡眠スケジュールを身につけて

良質の眠りは反復的な習慣から生まれます。毎晩同じ時間に眠り、毎朝同じ時間に起きるようにしましょう。夜ふかしや寝坊をしていると、質の高い睡眠スケジュールを維持できなくなり、不眠症になることもあります。毎晩最低7〜8時間眠り続けるのが難しいようなら、ベッドに入る時間を15分早めるか、朝起きる時間を15分遅らせて、睡眠時間を増やすことから始めましょう。数日ごとに睡眠時間を増やしていき、最終的に7〜8時間に達するようにしましょう。

自然光におまかせ

太陽の光とともに目覚め、暗くなってから眠りにつくのが理想です。これは概日リズムの維持にもつながります。朝、目覚めたときには明るい光を浴び、夜には寝る時間であることを脳に知らせるために、できるだけ光に当たらないようにしましょう。

熟睡には運動も大切

定期的な運動は睡眠の質を高めるという研究結果が出ています。(注4)ただし、運動時間をうまく管理することが大切です。就寝直前に運動をすると眠れなくなってしまいます。経験則から、睡眠パターンを崩さないためには、運動は就寝時間の5~6時間前までにすませることをおすすめします。

寝る前に避けるべきこと

次に挙げる刺激物や物質は、寝つきが悪くなる原因となるので注意しましょう。

・午後2時以降のカフェイン(コーヒーや紅茶、カフェインの入ったもの)
・午後遅い時間の昼寝(45分までとし、午後3時までにすませましょう)
・薬(薬は睡眠パターンを崩すものが多いと言われてます)
・アルコール(一瞬眠くなりますが、深いレム睡眠も妨げてしまいます)
・就寝前2時間以内の過食、加工糖、飲み物
・仕事(就寝前の1~2時間は仕事をしないようにしましょう)

なかなか寝つけないとき

眠れない夜や、真夜中に目が覚めてしまって再び眠ることができないときには、無理にベッドの中で横になっている必要はありません。起き上がって、何かリラックスできることをするか、眠れない原因を心から取り除けるようなことをしましょう。照明は薄暗くしたまま、読書をしたり、日記を書いたり、落ち着いた音楽を聴いたりしてリラックスしてください。

サポートが必要なら……

日頃から寝つきが悪く、毎晩目が覚めてしまったり、一晩中寝た後でも疲労を感じたりするようなら、睡眠障害かもしれません。睡眠時無呼吸や重度のいびき、その他の呼吸の問題は、睡眠を妨げ、さまざまな問題を引き起こします。慢性的な睡眠不足を感じたら、睡眠の専門家の助言を仰ぐか、かかりつけの医師に相談しましょう。

33/52

スクリーンタイムを減らす

毎日24時間いつでも応じられるように準備しておいても、最高の実績を挙げることはできない。テクノロジーとの境界を見直せば、最高の実績を挙げることができる。
――エドワード・ハロウェル博士（アメリカの精神科医）

通勤時間や仕事中、家での視聴などで気がつけば一日中テレビやパソコン、スマートフォンの画面（スクリーン）を見ているという人も多いでしょう。その時間を、友人や家族と一緒に過ごしたり趣味を楽しんだり、もっと人生を豊かにしてくれることに使うこともできるのです。もったいないと思いませんか？

最近まで、テレビは気持ちをリラックスさせ、社会から距離を置くために使うハイテク機器として中心的な存在でした。ところが、今日では、コンピューターやスマートフォン、タブレットなど、同じような働きをし、夢中になれる機器がたくさんあります。スクリーンタイム（テレビやパソコン、スマートフォンの画面を見ている時間）があまりにも浸透し、画面の見すぎによって精神衛生が損なわれているのです。

動画サイトを見たり、数分程度ネットサーフィンをしたりすれば、気持ちがリラックスするかもしれませんが、日常的にスクリーンタイムが長くなると、長期的にはマイナスの影響を及ぼすことがわかっています。

テレビやゲームなどで長い時間スクリーンを見ていると、注意持続時間や集中力、認知機能が低下します。アイオワ州立大学が小学生と大学レベルの学生を対象に行った研究では、テレビと（あるいは）ゲームに1日2時間以上費やした被験者は注意力の問題を抱える可能性が1・5~2倍高くなるという結果が出ています。（注1）ヨーテボリ大学のサラ・トメがおこなった研究から、コンピューターやモバイル機器を日常的に使っていると、ストレスや睡眠障害、抑うつ症を抱える可能性があることがわかっています。（注2）

わたしたちは常に電源を入れたままで、必要な休息がとれないため、モバイル機器からの刺激はすべてストレスにつながります。リラックスしようと思っているときでさえも、テクノロジーに邪魔され、「つながる」必要にとりつかれています。

SNSなどテクノロジーのおかげでつながっていると感じるかもしれませんが、実際にはテクノロジーは社会的交流の質を低下させ、有意義で実りのある活動をする時間を減らしてしまうのです。

あなたのスクリーンタイムは何時間？

通勤時間、会社についてから、家での視聴など気がつけば一日中テレビやパソコン、スマートフォンの画面を見ているという人も多いでしょう。スクリーンタイムを減らすための最初の一歩は、毎日どれだけの時間を費やしているのか、自覚することです。仕事とプライベートの両方でスクリーンタイムに費やした時間を計算してみましょう。合計すると一日何時間ですか？

スクリーンタイムを減らしましょう

次に、スクリーンタイムを週にどれくらい減らしたいのか、目標を設定しましょう。たとえば、テレビを観るのは1日2時間、週に14時間までと決めて、50パーセント減らすことを目標にしても良いでしょう。また、フェイスブックに1日約1時間費やしているなら、1日30分までと制限してみては？　制限することを目標にしてもいいでしょう。

寝室ではスマホ禁止！

就寝前の少なくとも1時間はスマートフォンやパソコンの使用を避けることが大切です。就寝時間にテクノロジーを使うと、神経が高ぶり、眠れなくなります。

なんといっても実体験が最高

実際にできることを選びましょう。テレビを見る代わりに、演劇やコンサートなどの生のパフォーマンスを楽しみましょう。テレビゲームでなくボードゲームや体を使ったゲームを、オンライン・ショッピングでなくお店へ行きましょう。そしてメールの代わりに、大切な人に電話をかけるか、直接会う約束をしましょう。

週に一度はテクノロジー抜きの夜を過ごして

週に1回、テクノロジーを使わずに家族や恋人、友人と一緒に過ごす夜を設けましょう。自分の目をスクリーンから遠ざけるだけでなく、テクノロジーに邪魔されることなく、ほかの人と充実した時間を過ごす機会が得られます。

34/52

身体を動かす

運動のみが精神を支え、心の活力を保つ。

——マルクス・トゥッリウス・キケロ（共和政ローマ末期の政治家・哲学者）

20世紀になるまで、ほとんどの人はかなり活動的な暮らしをしていました。頻繁に歩き、機械ではなく人間の力を使い、手作業に頼った生活をしていました。

今日では、技術の発達や現代の発明品のせいで、わたしたちの活動レベルは格段に下がっています。いつも座ってばかりいるようになり、祖先がしていた活動のほんの一部をするにも、ランニングマシンやダンベルに頼っている始末です。

定期的な運動が健康に効果的だということは誰もが知っていますね。運動は健康的な体重を維持し、体脂肪を減らし、心拍数や酸素摂取量を増やすことによって心肺機能を高めます。また、活動し続けていると、精神衛生にもかなり大きな効果があります。定期的な運動は気分を良くし、不安や落ち込みを和らげ、ストレスを解消し、記憶力の向上にもつながるのです。（注1、2）

「ランナーズ・ハイ」は、運動中あるいは運動直後の、脳内におけるエンドルフィン――化学物質あるいは神経伝達物質――の放出と関係があります。エンドルフィンには気持ちを高め、精神衛生に良い影響を与え、幸福度を上げる働きがあります。あなたがほかのタイプの運動が好きだとしても心配はいりません。エンドルフィンはどんな身体活動をしても放出されます。

また、身体活動にはコルチゾールやアドレナリンなどのストレスホルモンのレベルを下げる効果があります。その結果、自然に気分転換ができ、日常生活にありがちな心配事やストレスから脱し、よりおだやかで明確な考え方を持ち続ける助けになります。

実は知力にも大きな影響が出ます。有酸素運動は、脳やほかの器官内の細胞を含むすべての細胞への酸素供給量を増やしますが、この増加は、脳機能、記憶力、集中力にとって極めて重要なのです。研究によると、毎日ほんの15分間身体活動をした子どもは、集中力や記憶力、授業態度が良くなり、授業を1コマ余分に受けた生徒と比べた場合、特に違いがはっきり見られたそうです。(注3)

こうした認知機能の向上は大人にも当てはまります。週に最低でも3回、45分間歩いた高齢者は、ストレッチをしただけの高齢者と比べて、心理テストで良い結果が出ています。(注4)

新しい自分になるために今すぐできること

デスクワークは活動的に

おすすめなのが、座ってする行動を運動に変えることです。テレビを観るときに、掃除をしながら観るようにすれば、もっと活動的になりますね。仕事や電話を立ってしたりするのもおすすめです。エレベーターやエスカレーターではなく、階段を使うようにしましょう。

歩く・歩く・歩く！

生活に運動を取り入れるのに、最も簡単で効果のある方法のひとつが歩くことです。通勤・通学にできるだけ歩くという習慣を取り入れましょう。

便利なテクノロジーをフル活用

毎日の運動を記録しましょう。一般的な歩数計があれば毎日歩いた距離を知ることができます。消費カロリー、睡眠時間や睡眠の質、上った階段の段数など――役立つ数値を記録してくれる機器もあります。最近はスマートフォンのアプリが便利ですね。

好きな運動をするのがベスト

運動を楽しむ一番良い方法は楽しめることをすることです。好きではないのに、無理やり走ってもどこにもたどり着くことはできませんからね。

運動には午前中がぴったり

多くの人にとっては、怠ける言い訳のない午前中の方が楽に運動できます。一方、1日の終わりだと、疲れ切ってしまったとか、残業しなければならないとか、顧客との食事があるなど、多くの言い訳が入り込んできます。

実は出会いの場かも

ウォーキング、ハイキング、ランニング、エアロビクスのクラス、サイクリングを友人と一緒に楽しみましょう。トレーニング友だちを選ぶときにひとつだけ気をつけたいのは、自分と同じくらい運動に熱心な人を選ぶことです。

レースに参加してみたら

やる気を保ち続ける方法として、レースやイベントに参加することをおすすめします。走るのが好きなら、5キロや10キロ走、マラソンへの参加を検討してみましょう。サイクリングや水泳が好きなら、そうした運動が入ったレースを探しましょう。

35/52

フルーツと野菜で脳の働きを高める

きちんとした食べ物を食べること。食べすぎてはいけません。主に野菜を食べましょう。
——マイケル・ポラン（アメリカのノンフィクション作家）

フルーツと野菜が健康に良いことはご存じでしょう。ビタミンやミネラル、抗酸化物質、豊富な植物繊維など、重要な栄養素が含まれていますが、特に脳の健康促進効果が高い種類もあります。

中でもブルーベリーやイチゴ、ラズベリー、ブラックベリー、カシスなどのベリー類は、脳にとって最高のスーパーフード、スーパーフルーツです。

深紅や紫の色素は、ビタミンC、ポリフェノール、フラボノイドなどの抗酸化物質の濃度を示しています。これらのファイトニュートリエント（希少植物性活性化栄養素）は、老化防止やフリーラジカル（過剰な活性酸素）と戦ううえで重要です。

フリーラジカルは、アルツハイマー病や認知症など、加齢に伴う精神疾患の原因となる酸化ストレスを引き起こします。２０１２年に神経学会の紀要誌『アナルズ・オブ・ニューロロジー』に発表された研究では、ベリー類を頻繁に食べる女性は、認知低下が起こる率が低いとされています。（注1）さらに、ブルーベリーは学習能力や運動技能を向上させるという結果も出ています。（注2）

トマトはリコピンと呼ばれる抗酸化物質を豊富に含みます。ほとんどの抗酸化物質と同じように、リコピンもフリーラジカルによる損傷を防ぐほか、抑うつ症と関係のある抗炎症性化合物の生成を防ぎ、心的状態を維持する働きがあります。また、トマトには、気持ちを安定させ、記憶を呼び出す力や精神的処理スピードを高める葉酸や、心的状態をよくするのに重要なマグネシウムも多く含まれるのです。

色の濃い葉野菜であるホウレンソウやケールは認知低下を予防するとされる抗酸化物質、ルテインを豊富に含みます。また、正常な認知機能や、健康な脳組織を維持するのに大切なビタミンEも多く含まれ、トマトのようにビタミンB9（葉酸）も豊富です。

タマネギ、ニンニクなどのネギ属は、脳への正常な血流を促すことがわかっています。心理状態にプラスの影響を与えるとされるクロミウム・ピコリネートも豊富に含みます。（注3）

新しい自分になるために今すぐできること

ベリー類がおすすめ

ブルーベリーやイチゴ、ラズベリーなどベリー類は新鮮なものが良いのですが、旬でなければ、冷凍やフリーズドライでもかまいません。余裕があれば、旬の時期に買って自分で冷凍しましょう！　できるかぎり有機栽培のものを選び、農薬など化学薬品を避けましょう。シリアルやヨーグルト、スムージーにベリー類を加えた朝食がおすすめ。

使い回しがきくトマト

トマトはさまざまな料理に使い回せ、いつでもどこでも楽しむことができる食材です。朝食には、トースト、ジャガイモ、ハッシュドポテトの代わりにスライスしたトマトを食べましょう。サラダ、サンドイッチ、ピザ、パスタでトマトを楽しんで。リコピンをすばやく簡単にとるには、おやつにトマトジュース（ナトリウム不使用か、低ナトリウムのもの）がいいですね。

ホウレンソウもおいしく楽しむ

色の濃い葉物野菜も使い回しがききます。スムージーにホウレンソウかケールを加えてみましょう。ホウレンソウはオムレツに加えても美味しいです。これらの葉野菜を使えば簡単に健康に良い付け合わせが作れます。ニンニクとアボカドオイルを使って、葉がしんなりするまで高温で炒めます。あるいは1／2個分のレモン汁で和えましょう。

いろいろな料理に合うニンニクとタマネギ

ネギ属は香りがよく、使い回しがききます。ニンニクとタマネギは、付け合わせや主菜、ピザ、パスタ、スープ、サラダに簡単に加えることができます。そのまま網焼きや、オーブン焼き、あぶり焼きにしても美味しく食べられます。ブルスケッタ（焼いたフランスパンに角切りトマトなどを載せたもの）、サラダ、ドレッシング、ソースなどに加えましょう。パンやジャガイモを料理するときは、バターではなくニンニクとオリーブオイルを使いましょう。

36/52

なるべく屋外で過ごす

嗜眠状態の人は明るいところに寝かせ、太陽の光にさらすこと（この病気は憂鬱である）。
——アレタイオス（カッパドキアのローマ帝国時代の医師）

よく晴れた日に屋外で過ごすと、自然に笑みがこぼれ、心が温まりますね。それにはれっきとした理由があり、新鮮な空気も太陽の光も、わたしたちの精神衛生に驚くべき力を及ぼすのです。

外で過ごすことがわたしたちの精神的健康にそれほどまで深い影響を及ぼすのは、ひとつには浴びる日光の量が増えるためです。日光に当たると気持ちが高まります。

日光は睡眠パターンにとって重要な概日リズムにも大きな役割を果たします。目が日光をとらえると、脳内のセロトニン（幸福感や特に日中の覚醒状態を生み出すホルモン）が増え、メラトニン（眠りを助けるホルモン）を減らします。さらに、皮膚が日光を吸収すると、ビタミンDが合成されます。適切なレベルのビタミンDは心身の病気を予防するのに極めて重要なのです。

ビタミンDは脳の機能と発達に作用する重要な（セロトニンを含む）神経伝達物質の分

泌を促す働きをします。（注1）抑うつ症、季節性情動障害（SAD）、不眠症の症状はビタミンDのレベルが不十分であることが原因だとする研究結果も出ています。（注2）

屋外で過ごせば、新鮮な空気をより多く吸うことにもなります。室内のカビ、埃、ペットのふけ、ホルムアルデヒド、洗浄剤や建材からの有毒ガスといった汚染物質は、すべて室内の空気の質を悪化させているのです。

外にいると、良質で酸素レベルの高い空気に囲まれます。酸素は本来、脳の食べ物なのです。脳が体重に占める割合はわずか2パーセントですが、取り込んだ酸素の20パーセントを使います。

そのため、酸素の供給量があまりに少ないと、疲労や頭痛、抑うつ症が起こったり、集中力が落ちたりし、長期的には記憶障害を引き起こすこともあるのです。

新しい自分になるために今すぐできること

朝のお散歩が効果的

1日の始まりに、短い散歩をしましょう。新鮮な空気が気持ちを高め、心を目覚めさせます。太陽が昇るにつれて、光が脳にセロトニンを分泌するように合図を出します。10〜15分程度でも、質の良い新鮮な空気を楽しめる時間になります。

屋外での調理や食事を楽しんで

ヨーロッパでは屋外で食事をとるのは一般的な習慣になっています。屋外で食事できるレストランは無数にありますし、朝食をテラスやポーチ、ベランダで楽しみましょう。職場でのランチタイムは屋外で過ごし、新鮮な空気と日光を楽しみましょう。家族と一緒に屋外でバーベキューするのもいいですね。

太陽をときどき崇めましょう

ビタミンD不足の人は、世界じゅうで10億人いると推定されています。（注5）無防備に日光を浴びすぎると、皮膚がんや早期老化のリスクが高まりますが、わたしたちが得るビタミンDの80〜90パーセントは太陽の光を浴びることによって生成されることをお忘れなく。

過ごすなら緑の多いところ

屋外で過ごすときには、木や緑が多い場所を選びましょう。汚染の多い都市に住んでいるのなら、これは特に重要です。木が多ければ多いほど、空気がきれいで酸素も多く含まれます。きれいな空気を吸うと、健康でエネルギーにあふれた気分になれます。

屋外でのスポーツがおすすめ

どんな運動にもメリットがありますが、屋外で運動するとより大きな効果が得られます。できるかぎり、屋外でできる運動——ランニング、ウォーキング、ローラースケート、水泳、自転車など——をするようにしましょう。ほかの人と一緒にバドミントンやバレーボール、テニスを楽しむのもいいですね。筋トレをしたければ、屋外でなく公園で自分の体重を負荷にしたトレーニングもできます。

37/52

匂いを楽しむ

匂いほど記憶に残るものはない。思いがけない一瞬の匂いが、山の中の湖畔で過ごした子ども時代の夏を呼び起こす。

――ダイアン・アッカーマン（アメリカの詩人、エッセイスト）

匂いには鮮やかな思い出を呼び起こす力があります。刈り取られたばかりの草の匂いに、子どものころに公園で遊んだことを思い出したり、女性の香料に、祖母と過ごしたときの記憶が呼び起こされたりすることもあります。匂いはとても強力で、心の状態やストレスレベル、感情、記憶に働きかける力があるのです。

アロマテラピーは香りを使って、心の状態や認知機能、ストレスレベル、それに健康全般に変化をもたらす方法です。植物原料――花や葉、茎、樹皮、根など――から抽出したエッセンシャルオイルを、オイルやアルコール、ローションなどの基材と混ぜ、それを鼻から吸ったり、空気中に噴射したり、肌につけたりして使います。

アロマテラピーは、闘争・逃走反応やストレスレベルをつかさどる交感神経系にも大きな影響を及ぼすことがわかっています。日本で行われた2002年の研究では、パチョリとローズオイルの吸入によって、交感神経活性が40パーセント抑えられることがわかりました。ローズオイルには、闘争・逃走ホルモンであるアドレナリンを30パーセント減らす効果もあります。

ストレスの緩和だけでなく、もっと幅広い効果が得られるエッセンシャルオイルもあります。たとえば、ラベンダーにはさまざまな神経学的な効用があるという研究結果が出ています。ストレスや不安感を減らし、心の状態を良くし、攻撃性を減らす働きもあります。また、不眠症や片頭痛の治療にも有効だとされています。（注1）

アロマテラピーは記憶力や集中力、創造力も高めてくれます。2003年の研究では、ローズマリーの香りを嗅いだ被験者は、記憶の質や二次記憶の要素が全般的に大きく向上したという結果が出ています。（注2）

医療や薬に頼らずに、ストレスを管理し、集中力を上げ、夜間の安眠を促進する方法でもあるのです。

新しい自分になるために今すぐできること

始めるときは気をつけて

アロマテラピーを始めるときには、必ずかかりつけ医に相談しましょう。ただし、アロマテラピー・オイル全般を避けた方が良い人もいます。特に幼児、妊婦、お年寄り、病弱な人は、アロマテラピーの使用は避けましょう。既往症、ひどいアレルギー、ぜんそくのある人も、医者の指導を求めてください。処方薬を飲んでいる場合には、医者に相談し、処方薬とアロマテラピーを一緒に使う場合に禁忌がないか確認しましょう。また、光過敏性が高まるオイルもあります。特に色白の人は、日光に当たる前には、シトラス系のオイル（レモン、オレンジ、マンダリン、グレープフルーツ、ライムなど）の使用を避けましょう。

やはり「本物」を選びましょう

アロマテラピーを試す際には、商品の選び方に十分注意しましょう。アロマテラピーが広く普及したため、ボディローションやキャンドル、シャンプー、化粧品にいたるまで、さまざまなパーソナルケア商品に「アロマテラピー」という言葉が使われています。残念ながら、こうした商品には合成香料が含まれていることが多いのですが、合成香料にはエッセンシャルオイルと同じ特性はありません。エッセンシャルオイルは天然の植物由来のものです。一方、合成香料はアロマに似た香りをつけるために、化学的に作られたものです。アロマテラピー商品を買うときには、効果の高い真正のエッセンシャルオイルを含むものを選ぶようにしましょう。また、可能であれば、熱を加えていないコールドプレス(低温圧搾)・オイルを選びましょう。

身近な方法でも楽しめます

アロマテラピーでは蒸気吸入が一般的ですが、フェイシャル・スチーマーを購入するか、お風呂でも楽しめます。お湯にエッセンシャルオイルを数滴たらし、入る前によくかき混ぜましょう。

また、無香料のローション・ベース、あるいは植物性バターなどもっと濃厚なクリームに、エッセンシャルオイルを数滴加えれば、オリジナルのローションやクリームを作ることができます。ローションやクリームに一般的に使われる植物性バターには、ココアバターやシアバターなどがありますが、加工度の最も低いコールドプレスのものを選ぶようにしましょう。

38/52

ストレスを消す儀式を作る

人は繰り返し行うものでできている。

――アリストテレス（古代ギリシアの哲学者）

仕事とは骨の折れるもの。大好きな仕事でも大変な日があって、それが何カ月と続くこともありますね。それから、通勤も同じように大きなストレスのもととなります。

仕事の前後にストレス解消の儀式を行えば、仕事や通勤にかかわるストレスの影響を最小限にし、日常的に受けるストレスから心を一時的に休めることができます。

仕事前の儀式は、その日の雰囲気を作り上げ、これから起こることへの心の準備をするのに役立ちます。締め切りの重圧、大量のメールや電話、長く退屈な会議……。そんなときに、自分だけの何かを楽しむことができれば、すっきりした頭、新しいエネルギー、そして熱意を持って1日を迎え、何が起ころうとそれに立ち向かえます。ポジティブな気持ちは、生産性や幸福度、勤務時間中のストレスレベルに驚くような効果を及ぼすのです。

新しい自分になるために今すぐできること

とにかく簡単でやりがいのあるものに

複雑な儀式はかえってやる気をそいでしまうので、とにかく簡単で楽しみになるようなものを選びましょう。簡単な儀式なら習慣化しやすく、楽しく実践できます。ストレッチなど、リラックスできるもの、楽しく感じるもの、気持ちよく感じるものを取り入れることが大切です。

電源を切ればストレスが消える

音楽を聴くことはストレス解消の儀式にふさわしいですが、儀式のためにインターネットやコンピューター、テレビをつけるのはやめましょう。仕事中はこうした機器をつけっぱなしにすることが多く、ストレスがたまります。儀式の時間には電源を切っておくようにしましょう。

嗅覚・味覚・触覚を使いましょう

わたしたちは五感を通して暮らしていますが、仕事では視覚と聴覚の使用に偏る傾向にあります。嗅覚、味覚、触覚を儀式に組み込んで、バランスよく五感を使いましょう。

・嗅覚（朝にはミントやユーカリなど、元気の出るアロマをかぎましょう。夜にはラベン

ダーなど、心を落ち着けるアロマキャンドルがおすすめ）

・味覚（朝はエネルギーの出る朝食をとったりして弾みをつけましょう。仕事の後には、カモミールティーやワインで緊張をほぐします）

・触覚（朝には温かいシャワーと冷たいシャワーを交互に浴びて、エネルギーを高めると良いでしょう。夜は温かいお風呂に入り、くつろげる服に着替えて）

家で仕事をする場合は切り替えの儀式を

家で仕事をしていると、プライベートな時間と仕事の時間の境界があいまいになってしまいます。家から出る儀式か、仕事場から離れて行う儀式を作りましょう。こうすると、仕事の時間が終わったこと、仕事に関する考えに邪魔されない自分の空間に戻るのだということが脳に伝わります。

39/52

脳に有害な食べ物を避ける

ガラクタを入れればガラクタが出てくる。
——ジョージ・フィヒッセル（アメリカのコンピューター・プログラマー）

脳の健康を促進する食べ物はたくさんありますが、逆効果となる食べ物もあります。認知機能に悪い影響を与え、気分変動を引き起こし、エネルギーを減らし、ストレスを増すような食べ物を避けることに目を向けてみましょう。

脳に害のある食べ物の筆頭に挙げられるのは砂糖です。砂糖を大量に摂取すると、気分に悪影響を及ぼし、低血糖を引き起こします。砂糖の大量摂取には、学習能力を妨げる力もあるのです。ＵＣＬＡ（カリフォルニア大学ロサンゼルス校）が発表した研究からは、果糖の多い食事を長期間にわたって続けると、脳の学習能力や情報想起能力に変化を引き起こすという結果が得られています。（注1）

ナトリウム（塩）を多く含む食べ物も、脳に悪影響を与えるということを知っておきましょう。塩分の多い食事は、思考能力を損ない、認知症につながるという研究結果も出ています。２０１１年、67歳から84歳までの１２６２人を対象にした長期にわたる研究結果が発表されました。塩分を最も多く摂取した人は、塩分の摂取量が最も少なかった人と比較した場合、認知機能テストの点数が３年にわたって低下が見られたそうです。(注2)

脳に害を与える別の種類の食べ物としては、揚げ物やファストフード、ジャンクフードに多く含まれるトランス脂肪酸があります。トランス脂肪酸は記憶力や集中力、言語技術や処理スピードに悪影響を及ぼすことがわかっていて、実際に脳が縮むこと――アルツハイマー病の典型的な特徴――もあるそうです。オレゴン健康科学大学が発表した研究では、１０４人の高齢者の血液サンプルとＭＲＩスキャンを集めた結果、血液中のトランス脂肪酸の数値が最も高い被験者は脳が小さくなっていることがわかりました。(注3)

最後になりますが、人工甘味料、添加物、化学物質、染料、保存料などを含む加工食品の多くも避けるべきです。こうした成分が行動機能や認知機能に悪影響を及ぼし、アルツハイマー病などの変性疾患と関連しているとする研究の数も増えてきているのです。(注4)

新しい自分になるために今すぐできること

加工食品を避けましょう

パンや冷凍食品、缶詰のスープまであらゆるものが加工食品です。前述のように、加工食品には人工成分、化学物質、その他の添加物が含まれることが多いのです。また、添加砂糖、添加塩・ナトリウムも多いです。新鮮な自然食品を選ぶようにしましょう。

至るところにひそむ砂糖

砂糖を多く含む典型的な食品としては、キャンディ、清涼飲料水、エナジードリンク、シロップ、ゼリー、栄養バー、クッキー、ケーキが挙げられます。また添加砂糖にはさまざまな名前がつけられていますが、ブラウンシュガー、玄米水飴（糖）、コーンシロップ、ブドウ糖、果糖、ブドウ糖果糖液糖、ハチミツ、糖蜜、ショ糖があります。

お菓子の代わりにフルーツを

甘い物が欲しくなったら、フルーツを選びましょう。ジュースの代わりにフルーツを使ってスムージーを作りましょう。甘味だけでなく、血糖値やエネルギーレベルを安定させる働きのある食物繊維をとることができます。人工甘味料は低カロリーかもしれませんが、砂糖と同じように健康や脳に害をもたらします。絶対に避けましょう。

水分補給を十分に

水分補給が十分でないと、空腹だと錯覚し、甘い物が食べたいという欲求が生じます。甘い物が無性に食べたくなったときには、大きなグラス1杯の水を飲んでみましょう。甘い物への欲求が収まります。

料理には塩よりもスパイス

自分で料理をすれば、確実に塩分のコントロールができます。塩よりもスパイスを使ってみましょう。ニンニク、カレー粉、パプリカ、タマネギ、オレガノ、パセリ、クミン、タイム、ローズマリーなど、多くのスパイスはすばらしい風味をつけてくれます。調理時間が長くなると、塩分が薄まるので、塩を使う際には、料理の最後に加えるようにしましょう。

トランス脂肪酸はとにかく避けて

トランス脂肪酸を避ける最善の方法は、簡単に言えば、ファストフードと揚げ物を避けることです。何度でも繰り返しますが、できるかぎり新鮮な自然食品を選ぶことが一番です。

PART 4

美しい心で人生に向き合う

40／52

ほかの人と比べない

「わが子よ」とライオンがいいました。「わたしはあんたの話をしているのだ。あのむすめの話ではない。わたしは誰にでも、そのひと自身の話しかしないのだよ」

——C・S・ルイス『馬と少年』より【瀬田貞二訳、岩波少年文庫より】

幼いころから、わたしたちは他人と自分を比較しはじめます。子どものころは、同級生やきょうだい、チームメート、友人と比べます。大人になるにつれて比較の対象が増え、近所の人や同僚と比べたり、さらには有名人と比べたりすることもあります。比べるものが成績であろうと、外見や収入、子ども、家族、財産、あるいは見た目の幸せであろうと、他人との比較はむなしく満たされない気持ちを生むことが多いのです。

もちろん、良い刺激を受けて新しい目標ができたり、もっと優れた人になりたいと思ったりするなど、比べることにはプラスの効果もあります。とはいうものの、比べることによって喜びを奪われ、ストレスが増し、さらには機能障害行動に至ることもあります。また、自尊心がむしばまれ、達成感を弱めたり、人間関係を壊したりといった悪影響も及ぼします。比べることによって恨みや妬みが生まれ、親しい友人や仲の良い家族との間に、過度の競争を引き起こします。

現状の自分に満足できないという気持ちがあると、ほかの人と比べたくなります。そして、こうした感情から、常に足りないと感じ、今以上のものを求め、すでに手にしているものでは決して満足できないという悪循環が起こります。さらに、自分を安心させるためにほかの人と比べるようになってしまうと、正直で偽りのない生き方ができなくなるのです。

それどころか、いつも他人を意識するようになり、どう感じるか、何が欲しいのか、どう生きたいのかを自分で決められなくなってしまいます。

一方、自己肯定感が強い人は、自分に最善の方法で、また自分の価値観や状況に合った方法で生きていることがわかっているので、誰かと比べる必要がありません。

常に誰かと比べるという悪い習慣に陥っていると、この習慣は特に難しく感じるかもしれません。そんなときには、自己認識とちょっとしたトレーニングが大いに役立ちます。そして、比べるのをやめたときのメリット——幸福度や自尊心が高まり、人間関係が改善してストレスが減ります——を感じるようになると、もう絶対に他者と自分を比べたくないという気持ちが強まるのです。

新しい自分になるために今すぐできること

ほかの人と比べないで

比較する習慣は深く根づいていて、自分でも気づかないうちに比べていることもあるでしょう。ほかの人と比べていないか常に注意し、自分の行動をしっかり認識することが大切です。「△△さんみたいだったらよかったのに」とか「〇〇さんはいいなあ」と考えていると、自分がイヤになり、自尊心が低くなってしまいます。

なぜあの人と比べたくなってしまうの？

まず、自分がほかの人と比べているという事実を認めることが大切です。でも、自分を責めてはいけません。それよりも「どうして比べなければならないと思ったのか」自問してみることです。また、ほかの人と比べるとどんなふうに感じるのか考えてみましょう。感じるのは悲しさ？　それとも嫉妬？　自分や自分の置かれた状況がイヤだと感じますか？　それとも他人に対して苦々しい感情を抱きますか？

ないものではなく、今持っているものを

人と比べるのは、自分が劣っていると感じるからです。良い点に注目することによっ

て、ネガティブな考え方をポジティブに変えましょう。「もっと」という思いが幸せに結びつくわけではありません。幸せや喜びをもたらしてくれるものを書き留めておき、自分にないものではなく、今持っているものに目を向けて大切にしましょう。

あなたが心から満足できる選択を

他人と比べていると、本当に自分が求めているわけではないものが欲しくなることがあります。人生の選択の際には、周りに影響されることなく、自分が心から望むことを一番に考えましょう。たとえば、他人がどう思うかが気になるからではなく、自分が本当に4キロやせたいと思うなら、そうすべきです。他人に良いところを見せるためではなく、自分が心から満足できる決断をしましょう。

ありのままの自分を認めてあげて

他人と比べるのは、ありのままの自分を受け入れられないことが原因であることが多いのです。自分をもっと好きになり、受け入れることができれば、心が安らぎ、自分の人生に満足できるようになります。

・自分の価値を知る（自分にとって（家族やお金、感謝、幸福、信頼、誠実さなど）最も大切なことは何なのか、時間をかけて考え、最も価値があると思う5つのことを書き留めておきましょう）

・自分らしさをほめる（あなたは世界にたったひとりしかいないからこそ特別なのです。さらにもう一歩前進するためには、あえてほかの人とは異なる存在になろうとすることです。異なる存在になろうと決めれば、他者と比べる可能性をきっぱりと取り除けます）

・長所を見つめる（自分にないものが気になり始めたときには、自分の良さを思い出して。親切なところ、リーダーシップがとれることや歌がうまいこと、など。あなたの才能をうらやむ人もいるのです）

見た目に惑わされないで

他人に良い印象を与えたいと思うのは人間の性《さが》ですが、上辺はよく見えても、外側からはわからない大きな問題を抱えていることもあるのです。きれいな家や高級車を持ち、豪華なリゾートでバカンスを楽しんでいる友人も、実は悩んでいるかもしれません。あなたに見えているのは、パズルのほんの1ピースにすぎないのです。

物に執着しても何も生まれない

他人と比べていると、物質的なものや数字で測れるものに目が行き、質については忘れがちです。車、服、家、収入などはどれも数字で測れるもの。一方、家族や健康、友人、人生経験は、はるかに人生を豊かにしてくれます。「物」を持っているか持っていないかではなく、非物質的な面を楽しみましょう。

ほかの人を批判するのは自分を批判すること

自己満足のために他人を批判したり評価したりするのは何の利益も生まず、不健全です。自分以外の人もそれぞれ唯一無二の存在であることを認めましょう。

ゴシップ情報から距離を置こう

特に人との比較を招きやすい行動があります。たとえば、下世話な週刊誌やテレビ番組に接することが多いと、上辺だけで人を比べる習慣がついてしまいます。当然ながら、噂話は典型的な比較です。こうした比較につながる行動を減らし、もっと意味のあることに目を向け、自分の中の一番ポジティブなところを引き出すようにしましょう。

妬みと折り合いをつけると人生がラクに

人を妬んだりうらやんだりしてしまうときには、原因を見極めましょう。何がそうした感情を生み出しているのか踏み込むことが大切です。不安だから？　仕事や給料が原因？　感情を切り離して状況を見つめてみましょう。ほかの人を競争相手ではなく、インスピレーションを与えてくれる人、ロールモデルとしましょう。

41/52

ほかの人の長所に目を向ける

その人のあるべき姿を見て接するうちに、あるべき姿になっていくだろう。
――ヨハン・ヴォルフガング・フォン・ゲーテ（ドイツの詩人、劇作家）

個人的な攻撃を受けた、あるいは犯罪のニュースを見すぎた、または大衆紙のスキャンダル記事を読みすぎたなど、他人の意図に疑念を抱く場合にはそれなりの理由があります。残念なことに、こうした考え方をしていると、他人を見る目だけでなく、自分の幸せや自分を見る目まで変えてしまうのです。

たとえそれが難しく思えるときであっても、ほかの人の良い点を見つけることは、良い結果につながります。ほかの人の長所を見つければ見つけるほど、それだけ自分の長所も多く見つけられるようになるからです。そうすれば自尊心や自信が高まり、やがては成功や幸せにもつながります。

わたしたちは仲間のことを否定的に考えがちです。これは「ネガティビティ・バイアス」と呼ばれるもので、わたしたちの目を肯定的なものよりも否定的な経験や考え、情報に向けてしまいます。（注1）

ネガティビティ・バイアスのせいで、他人の良い点よりも悪い点に目が向いてしまい、最悪の事態を予想し、相手の良いところを認めるよりも変わったところにいらだってしまうのです。一方、自分については、良いところや最もすばらしい特質、最大の可能性を評価してほしいと考えます。

また、批判的になり、周りの人にいらだってばかりいると、他人への信頼が揺らぎ、寛容さや率直さを失い、全体として肯定的な気持ちが弱まります。その結果、他人に否定的なメッセージを送り、良いところがない人だという印象を与えてしまいます。ところが皮肉なことに、わたしたちは他人には自分の間違いやつまずき、失敗を見逃してほしいと思うのです。

本来、人はどのように扱われるかによってその行動を変えます。最悪のことを期待すると、相手はその期待に応えようとするのです。肯定的に考えれば、相手はもっと肯定的にふるまおうとします。

ネガティビティ・バイアスを打ち破り、他人の良い点を見ることができるようになると、驚くような結果が得られます。信頼や尊敬、安心感など、肯定的な感情を受け取った相手は、わたしたちに対しても同じ気持ちを抱き、好意的な目で見てくれるようになります。双方がもっと肯定的になれば、お互いの最高の力を引き出すことにつながるのです。

新しい自分になるために今すぐできること

やわらかな心で受け入れてみて

時間をかけて相手のことを知り、その能力や長所に目を向けましょう。気持ちを広く持ち、やわらかな心で人を受け入れるようにしましょう。新しい人間関係を受け入れ、困った人に手を差し伸べ、ほめること。「信頼していますよ」や「できると思います」といったポジティブな言葉で語りかけましょう。

一般化で人を傷つけているかも

一般論というのは不確かで、人を傷つけることもあります。それぞれが違う人間で、個性や長所を持っていることを忘れないように。年齢や性別、経済的地位などから、人格や能力を判断してはいけません。また、過去の行動を一般化し、将来の行動まで決めつけるのもやめましょう。自分の良くないときのことを忘れてほしいと思うように、相手の良くないときのことも水に流して忘れることが大切です。

相手にも完璧を求めない

大きな期待は、その人の行いに良い影響を及ぼしますが、あまりにも高いレベルを期待し、完璧を求め、現実離れした期待を寄せると、それが裏目に出ることもあります。相手にいつも完璧を期待しないようにしましょう。

善意に解釈してみたら

偏見を持たずに、良い点を探し、相手の行動が善意から出たものだと考えるようにしましょう。ひどい行いだと思ったら、その裏には理由があるのだと考えましょう。道でクラクションを鳴らした人は、乗る予定の飛行機に遅れそうで、空港に急いでいるところなのかもしれませんよ。

あなた自身の良い点を見つけてあげて

相手の良い点を見いだすのが難しいと感じるのは、あなた自身の良い点を見いだすのが苦手だからです。批判的な人に育てられた結果、そうなった可能性もあります。原因を探ってみましょう。それは本当にあなたの声ですか？　長い時間をかけて影響を受けた結果の声ですか？　批判的な考えの原因を突き止めてそれを消していきましょう。

42/52

自分を責めない

もし自分の中に「おまえは画家じゃない」という声が聞こえたら、なんとしても描き続けることだ。そうすればその声は消えるだろう。

——フィンセント・ファン・ゴッホ（オランダ出身の画家）

自己批判も、「前向きにほんの少し」なら成長を促し、より良い人間になりたいというきっかけになるのですが、あまりにも頻繁に自己批判や間違った批判をすると、悪影響をもたらします。

人は自分に関しては最悪の批評家になりがちで、行きすぎた批判をしてしまうもの。たとえば鍵を忘れた自分を「本当にバカだ」と思ったり、職場で調子の悪い日の自分を「何もできない」と思ったりしませんか？　こうしたネガティブな考えは悪い影響を及ぼします。幸せになる力をむしばみ、自尊心や自信を失う原因となるのです。

否定的なひとり言は、どうしたら改善できるかという有意義なアイデアを生み出すのではなく、間違っていることにばかり目が向いて悪影響を及ぼします。あまりにも長い間、否定的なひとり言ばかり繰り返していると、ストレスや不安を生み出すだけでなく、うつ病にもつながります。一方、肯定的なひとり言にはストレスを軽くする力があり、気分を明るくしてくれます。

否定的なひとり言は次の4つの型で現れます。あなたはどのタイプでしょう？

・最悪なことが起こると思い込むカタストロフィー型。
・否定的なことを強調し、肯定的なことを軽んじるフィルター型。
・物事がうまくいかないのは自分のせいだと思い込むパーソナライズ型。
・すべてを白か黒かで判断し、その間のグレーの部分を認めない二極化型。

否定的なひとり言の習慣は子どものころにできることが多いものです。親から批判されたり、力不足だと感じさせられたりしたことが原因で習慣化することもあります。

一方、肯定的なひとり言や考えは、かなりのプラス効果をもたらすことがわかっています。ポジティブなひとり言や考えには、うつ病になる可能性を下げ、ストレス管理能力を高める効果があると研究者は考えています。（注2）こうした習慣には精神的・身体的健康を改善する働きがあり、特にストレスのかかる時期の対処能力を高めてくれます。

新しい自分になるために今すぐできること

否定的な考えは捨てて

スペインでおこなわれた研究からは、10代の被験者が自分の身体イメージについての否定的な考えを紙に書き、投げ捨てた後、否定的な考えに影響されなくなったという結果が出ています。

一方、そうした考えを紙に書き、安全な場所に保管しておくように言われた被験者は、その後も同じ考えに縛られる結果となりました。（注1）

まずは自分のことを認めることから

まず最初のステップは、自分の否定的なひとり言に気づき、それが自分を傷つけ、悪い影響を及ぼしていると認めることです。心の中にある否定的な考えと、その結果起こった感情をノートに書き記しましょう。心の中に否定的な考えが浮かんだら、必ずその考えや感情を記録しておくのです。

なぜ自分を責めてしまうの？

どんなときに否定的なひとり言が出てくるのか、またそのことで自分がどんなふうに感じるかがわかったら、今度はそれがどうして出てくるのかを理解することが大切です。これには深い内省が求められます。原因がわかればその解決に重点的に取り組むことができます。

誰よりも自分に優しくしてあげましょう

他人に言わないようなことを、自分に言うべきではありません。ほかの人に接するときと同じ敬意を自分にも払いましょう。

子どもや大切な人に接するときと同じように、自分にも優しく接し、元気づけ、敬意を払い、誤りや失敗を許すことが大切です。

「どうやったらできる?」と問いかけて

否定的なひとり言は限界を作ることになります。身動きがとれなくなり、成長や学びの機会が失われてしまいます。

「これは自分にはできない」とか「うまくいかないかも」と考えていることに気がついたら、「どうやったらできるだろうか?」というように、「どうやったら」を使った疑問に置き換えましょう。

自分を無条件に好きになりましょう

頭の中の否定的な声を消し、欠点も含めてあるがままの自分を受け入れるためには、自分を無条件に好きになることが大切です。誰にでも欠点はあり、完璧な人などいないのですから。失敗することを認めましょう。自分に寛大になることが大切です。

肯定的な気持ちのヒント

否定的な考えが浮かんだときには、肯定的な気持ちを思い出すための簡単なヒントが大いに役立ちます。次の3項目について5つずつノートに書き出してみてください。①自分の好きなところ、②自分の長所、③自分が達成したこと。

否定的なひとり言が始まったら、この記録を見て、今のすばらしいあなたを作り上げてきた肯定的なものをすべて思い出しましょう。

あなたは本当にダメな人？

検証してみると、ひとり言には信ぴょう性が欠けていることが多いのです。自分について否定的な考えが浮かんだときには、「自分は本当に〇〇？」と尋ねてみましょう。いかに大げさなひとり言か気づくでしょう。

自分にストップをかけて

心の中に否定的な考えが浮かんだときには、大きな赤い停止標識を思い描いてください。そして、自分に「ストップ！」と言いましょう。視覚と言葉による合図で、こうした自分を責めてしまう行動への意識が高まります。

43／52

心を開く

人生の質は不確実なものとどれだけ折り合いがつけられるかに正比例する。
――トニー・ロビンズ（アメリカの自己啓発作家）

わたしたちはみな何らかの価値観や信念とともに成長し、生涯それらを持ち続けます。こうした価値観や信念が今の自分を作っていますし、たいてい、それをもとに決断を下し、人生を歩んでいきます。

ただ、自分の価値観を忠実に守ることは大切ですが、あまりにもかたくなに押し通そうとすると、前に進めなくなります。信念が邪魔をして、新しい経験や考え、物事のやり方を受け入れることができず、多くのチャンスを逃すことになるのです。

心を開けば、より強く、親密な人間関係を築くことができます。相手の話をより親身になって聞くことができ、意見が食い違うことがあっても、相手の見方や視点を理解することができるのです。

忍耐強くなり、ほかの人を批判することも減り、それぞれの事情や必要なものに対する理解が深まります。周りの人はあなたと気楽にコミュニケーションできるようになり、その結果、あなたは信頼や尊敬を集め、より魅力ある存在になれるのです。

心を開くことはストレスとうまく付き合ううえでも大切です。

物事が計画通りに進まず、不確かなことにさらされても、イライラしたり、失望したり、動揺したりすることが減ります。心が柔軟になり、期待通りにならないことも受け入れられるようになるでしょう。

あらゆることは起こるべくして起こるのだと納得し、自分の力でコントロールできないことはあきらめられるようになります。

また、問題が生じたときには、柔軟な心がより効果的な解決を促してくれます。自分とは異なる新しい考えに耳を傾け、それまで気づかなかった解決法や可能性を見出すこともできます。

批判を受け入れ、イヤな経験を成長のチャンスととらえて、自分自身を変えられるようになるため、必ず大きな幸せと充足感につながるのです。

心を開くことで、世界は自然と開けます。

あなたもきっと物事をより広い視野でとらえ、もっと楽しく独創的に生き、思いがけない出来事を楽しむことができるようになります。

新しい自分になるために今すぐできること

信念は捨てなくて良い

心を開くために、自分の価値観・信念を捨てたり、現在の自分を変えたりする必要はありません。ただ、ほかの人のさまざまな生き方や新しい経験、新しい考え方を広く受け入れれば、物の見方が広がり、より豊かで驚くような機会が得られるのです。

自分をじっくり見つめてみて

自分が批判的だとか、意固地だと思いたい人などいません。それでも、一度や二度は、自分の中にこうした部分が生じることがあるのです。一歩退いて、自分をひとりの人間として見つめ、自分の考えの根源を探ってみましょう。変わることでどんなメリットがあるでしょうか？

結論を急がないで

結論を急いでいると感じたときには、一歩引いて、自分に問いかけてみましょう。自分の意見や結論が本当に正しいのかどうか自問しましょう。ほかに可能性はないのか？ ほかの解決策はないのか？ ほかの解釈はないのか？ 意見を固める前に、人や状況についてあらゆる事実を把握しましょう。

大切なのは人の話を聴くこと

心を開くためには、ほかの人の話を聞く技術を磨く必要があります。目的を持ってほかの人の話をしっかり聞くことによって、多くのことが学べます。反対に、話す方が多くなると、ほかの考え方に心を閉ざすことになります。全体の時間の70パーセントをアクティブ・リスニング（積極的傾聴）に当てるようにしましょう。

不確かなことを受け入れましょう

人生における不確かなものを受け入れられれば、すべてが完璧な結果になると期待する重圧から解放されます。ひとつの状況から起こりうる結果はたくさんあり、そのすべてにうまくいく可能性があるのだと知ることが、幸せにとって一番大切なのです。

自分をさらけ出して感じてみると……

さまざまな文化や宗教、地域にふれることで広い心が育ちやすくなります。コンフォート・ゾーンの外に出て、探検しましょう。さまざまな経歴を持つ新しい人々と出会い、奥の深い会話をしてみてください。できれば、毎年新しい国に旅をし、観光客向けのホテルやレストラン、ツアーは避けて、その土地の文化に浸りましょう。

44/52

タイムアウトをとる

どんな人でも、こぶしを握りしめていたら、はっきり考えることはできない。

――ジョージ・ジーン・ネーサン（アメリカの演劇評論家・雑誌編集者）

タイムアウトとは子どもをしつける方法のひとつで、不適切なふるまいや許されないふるまいをしたとき、そのことを理解させるために、外の世界やほかの人から一時的に引き離すことをいいます。

子育て方法として賛成か否かはさておき、タイムアウトは、自分にとって厳しく難しい状況から距離を置くための健全な方法として使うと、物事の大局をとらえ、前向きで理性的・健康的な心を保つのに役立ちます。

ネガティブな状況に直面した場合に、怒り、恨み、恐れ、苦痛、悲しみなどの感情に流されてしまうのは簡単です。ただあまりにも感情的になってしまうと、大局を見失い、建設的で有益なかかわり方ができなくなるかもしれませんし、人を傷つけ、後悔するような言動をしてしまうかもしれません。

しかし、そうした状況に対して時間と距離を置けば、落ち着きを取り戻し、より建設的・理想的な方法でもう一度取り組むことができるのです。

感情的になると、本心を隠すために怒りを利用することもあります。怒りを使って、悲しみや恐れなど、もっと本質的で心の奥深くにある感情を隠していると、本当の意味での解決はできません。

そういうときは、感情が揺さぶられるような状況から距離を置くことによって、本心をよりよく見つめる余裕ができ、感情にまかせずにはっきりと論理的に自分の気持ちを話すことができるのです。

タイムアウトは無関係な第三者のためにもなります。自分の感情との折り合いがつけられない状況や、感情を押し殺さなければならないような状況に直面すると、わたしたちは後になってそうした感情の矛先をほかの人々や状況に向けてしまうことがあります。

たとえば、仕事でイヤなことがあったとき、職場で抑えていた感情が、夜、家に帰ったときに解き放たれ、子どもや配偶者にぶつけてしまうこともあります。怒りの原因は家にないのに、そこで解放してしまうのです。そんなときタイムアウトをとることで、関係のない人を傷つけたり、苦しめたりしなくてすみます。

新しい自分になるために今すぐできること

心の声に耳を傾けてみて

ストレスの多い状況にあるとき、どのように感じているかがわかるのは自分だけです。ですから、自分の反応に注意を払うようにしましょう。自制心を失ったり、感情に圧倒されたりし始めたら、それはタイムアウトが必要だという印です。

時間をかけましょう

状況に対して距離を置き、ひとりになって自分の考えとだけ向き合うために、少なくとも10〜15分かけましょう。状況を改善するためにできることがないのなら、必要なだけ時間をかけて感情と折り合いをつけましょう。

タイミングを逃さずに再開！

決断が必要な状況なら、タイムアウトは短くし、時期を逃さずに再開できるようにしましょう。時間をかけすぎないことが大切です。時間をかけすぎると、解決できないと思い込んでしまったり、闇に葬ってしまったりすることさえあるかもしれません。

建設的にストレス発散

タイムアウトを使って建設的にストレスを発散しましょう。たとえば、屋外を散歩すれば、新鮮な空気を吸って気持ちがすっきりし、新しい見方ができるようになるかもしれません。否定的な考えやストレスを断ち切るために瞑想するのもいいでしょう。日記を書き、思考の自然な流れや、考えや感情を存分に表現するのもいいでしょう。

お互いに冷静になるチャンス

もし相手を明らかに怒らせてしまったなら、お互いにタイムアウトをとることを申し入れましょう。お互いに少しの間距離を置けば、全体像をとらえ、落ち着きを取り戻すのに効果的であることを説明しましょう。

そうすれば、あなたが相手を尊重していること、そして相手がどれだけ怒っているかわかっていることを示せますし、同時に、相手が頭を冷やして落ち着く機会を与え、もっと理性的・建設的な気持ちで会話を再開できる可能性も増します。

45/52

新しい経験に「イエス」と言う

「イエス」と言えば、答えは後から見つかる。

――ティナ・フェイ（アメリカの女優、脚本家）

わたしたちはさまざまな理由から「ノー」と言ってしまいます。未知のことを恐れたり、コンフォート・ゾーンにはまり込んでいたり、コントロールを失いたくなかったりと、理由はさまざまです。もちろん、人生においては「ノー」ということが大切なときもあります。そうすることで、境界線を引き、優先順位を決め、時間を管理することができるのですが、度が過ぎれば、幸せになる力を弱めてしまいます。

今までよりほんの少し「イエス」を増やして、心身ともに新しい経験を受け入れましょう。新しい経験に踏み出すことが増えれば、退屈を寄せつけなくなります。

「イエス」は可能性の扉を開き、人生がもっと意味深く面白いものにしてくれる新しく刺激的なチャンスを生み出すのです。

ウィンストン・セーラム州立大学のリッチー・ウォーカー博士がおこなった研究では、3万もの出来事の記憶と、3カ月から4年までの期間で500以上の日記を調べました。その結果、さまざまな経験にかかわる人は、経験が少ない人と比べて、ポジティブな感情を持ち続け、ネガティブな感情が最小限になる傾向が強いことがわかりました。

「イエス」と言うことは自信を高めます。コンフォート・ゾーンから抜け出し、肯定的な経験とともに歩き出せば、将来新しいことをするときにもっと自信が持てるのです。

もちろん、新しいことへの挑戦は成長につながります。広い視野を保ち、脳を刺激して動かし続け、積極的に新しい道を切り開くようになります。

新しい経験からは社会的なメリットも得られます。ほかの人とのかかわりを増やし、社会的につながりたいという欲求も満たしてくれるからです。知らない人と一緒に何かを経験することによって、新しい友人や社会的つながりが得られるのもメリットです。

新しい自分になるために今すぐできること

「ノー」の裏に隠れているのは何？

つい「ノー」と言うクセがついているなら、その原因を見極めましょう。怖いから？　過去の苦い経験から？　実はたいした理由がないことに気づくはず。すると、「ノー」を「イエス」に変えることができるようになります。「できない」や「能力がない」を「できる」や「やってみる」に変えましょう。

目標に経験をくっつけるとチャンスが生まれます

目標に新しい経験をくっつけられるチャンスを見つけましょう。たとえば転職を考えているなら、パーティーへの招待に「イエス」と言うことで、興味のある業界の人に会うチャンスが生まれるのです。

誰かのために「イエス」と言おう

大切な人のために「イエス」と言ってみて。たとえば、あなたの子どもが留学プログラムに誘われているのに、寂しくなるから行かせたくないと思っているなら、（安全であるかぎり）「イエス」と言うようにしましょう。新しいことを経験するチャンスを与えれば、それが成長につながり、心も豊かになるのです。

ほかの人のことは気にしないで

わたしたちが「ノー」という場合、自分自身の気持ちからではなく、ほかの人の考えや見方に影響されていることもあります。怖がりな人が近くにいると、あなたの挑戦に影響を与えたり、判断を曇らせたりするかもしれません。ほかの人の反対や否定的な態度といった雑音は遮断し、自分の興味に集中しましょう。

まずは小さな「イエス」から始めてみて

普段なら「ノー」と言ってしまう小さなことに「イエス」と言うことから始めましょう。たとえば、夜、飲みに行こうと友人に誘われたら、家にいたいと思ってもあえて「イエス」と言いましょう。食べたことのないエチオピア料理を食べてみたいと友人に言われたら、「イエス」と言いましょう。小さなことに「イエス」と言えるようになると、もっと大きなことにも「イエス」と言いやすくなります。

「イエス」と言う日を作ったら……

丸一日、「イエス」と言ってみましょう。何かを持ちかけられたら、必ず「イエス」と言うのです。その日の終わりに、どう感じましたか？　普段よりいきいきとしていましたか？　怖いと感じましたか？　定期的にやってみましょう。

46/52

世間話はやめる

偉大な心は思想を論じるが、普通の心は出来事を、そして小さい心は人を論じる。
――エレノア・ルーズベルト（元米大統領F・ルーズベルトの妻・婦人運動家）

人間は本能的に人とのつながりを求め、会話を通して結びつくことを望みます。ところが、どんなふうに会話するかによって幸福度は大きく左右されるのです。

アリゾナ大学の心理学者マティアス・メール博士の研究では、掘り下げた議論（感情や考え、思想など）に長い時間をかけ、世間話（天気など）にはあまり時間をかけなかった被験者の方が、幸福度が高いという結果が得られています。最も幸福度の高い人の場合、世間話は会話の10パーセントしか占めず、最も幸福度の低い人の場合、世間話が会話の28・3パーセントを占め、約3倍になっています。（注1）

博士によると、人間はほかの人と結びつくことを通して人生の意義を作り出そうとするそうです。意味のある、深い会話をしているとき、わたしたちは人生や人間関係により深い意義を感じるようになります。他者との強く健全な結びつきがわたしたちの幸せに直接つながるという調査結果もあるのです。

新しい自分になるために今すぐできること

あたりさわりのない話題は避けて

政治など、気楽に議論しにくい話題もありますが、天気や流行の髪型など、あたりさわりのない話題を取り上げたいという衝動は抑えましょう。たまには楽しいかもしれませんが、表面的な会話しかできません。あなた自身が強い興味を感じる話題について話しましょう。

深い話ができる人と過ごしてみましょう

深い話題について話すのを好み、さまざまなテーマについて安心して考えや感情、見方を分かち合える友人や家族、同僚がいると思います。そうした人たちと話す時間を毎週設け、定期的に意味のある議論ができるようにしましょう。

世間話は5分まで

世間話を絶対にしないというのはさすがに無理でしょう。エレベーターで乗り合わせたり、廊下で同僚と一緒になったり、見知らぬ人と初めて出会ったりした場合など、世間話がふさわしいという状況があるのも確かです。世間話が避けられないときは制限時間——たとえば5分——を設ければ、最小限にできます。5分がたったらさりげなく会話を止めるか、もっと意味のある話題に移るようにしましょう。

相手の話をじっくり聞くことも大切

ほかの人の話に心から興味を持つようにしましょう。会話を深めるためには、お互いに話すだけでなく、聞くことも必要です。話の途中で遮ったり、思いついたことを言いたくなり、もどかしそうに話し終わるのを待ったりするのはやめましょう。相手のボディランゲージや表情に目を向けましょう。これらは話される言葉よりもずっと多くを語っていることがあるからです。

47/52

恐れと向き合う

入るのが恐ろしいと感じる洞穴には、求める宝がある。
——ジョーゼフ・キャンベル（アメリカの神話学者）

幸せを得るのを妨げるものはたくさんありますが、恐れはわたしたちを強くとらえ、その力をゆるめることはありません。恐れや不安、ストレスは誰もが経験するものです。けれども、実はこうした感情を多く経験すればするほど、リスクを冒すこと、目的を持って前進すること、そして積極的に自分の欲しいものを追求することを心地良く感じるようになるのです。

恐れは人間が普通に抱く感情で、健全な恐怖と不健全な恐怖のふたつの種類に分類できます。

健全な恐怖は、わたしたちを危険から守り、不適切な行動や害を及ぼすような行動をするのを防ぎます。対応策をとり、状況を好転させようと思うような刺激を与えてくれます。たとえば、喫煙者が肺がんで死ぬことに恐怖を感じれば、煙草をやめるでしょう。前糖尿病状態（糖尿病予備軍）だと告げられた女性は、健康的な食事を心がけるようになるはずです。

一方、不健全な恐怖はわたしたちの心を弱め、身動きできなくしてしまいます。前向きな気持ちや幸せを奪い、わたしたちは望んだとおりの生き方ができなくなります。必要なときにリスクを冒すことができなくなり、「安全」な方法を探すことにばかり時間をかけるようになるため、経験する能力が限られてしまいます。

不健全な恐怖は、過去のイヤな経験やわからないものに対する不安が原因だと考えられます。

怖いという感情は現実のものですが、実際には根拠がないことも多いのです。

どちらかと言えば、事実や確たる証拠がないまま、勝手に想像したことから生まれるものです。わたしたちは最善のシナリオよりも最悪のシナリオを描きがちで、そのために不安に陥ってしまいます。

新しい自分になるために今すぐできること

過去の恐れに向き合ってみて

最初は現在の恐れよりも、過去の恐れの方が向き合いやすいようです。恐れは時間とともに弱まり、もっと明確で理性的な見方ができるようになります。過去に感じた恐れについて、どのように感じたのか、それに対処したのか、対処したのならどのように取り組んだのか、その結果どうなったのかをノートに書いておきましょう。

現在の恐れは何でしょう?

ノートに書いた恐れを振り返り、今も後を引いている恐れはどれなのか、また新しく抱くようになった恐れについて検証しましょう。

深呼吸してチャンスをつかまえましょう

恐れを感じはじめたら、あえて恐れに向かって突き進みましょう。

体と顔の力を抜き、深呼吸します。自分が怖いと思う小さなことに挑戦するチャンスを歓迎しましょう。小さな恐れを克服するにつれて、大きな恐れに取り組むのに必要な勇気が育っていくのです。

最高のシナリオに書き直してみて

恐れとはたいてい、自分が作り上げる錯覚であり、最悪のシナリオです。ネガティブな考えが浮かび、あまりにも恐ろしい結果が頭に浮かび始めたときには、立ち止まって話を書き直しましょう。最善の結果を思い浮かべ、ポジティブな結果になる新しい話を作っていいんです。

恐れを手放して行動したら……

ポジティブな話ができあがったら、自分を信じてそれを実行に移しましょう。恐れることでエネルギーをムダ遣いするのをやめて、それに取り組むことに使いましょう。恐れを手放し、自分の人生に責任を持つことから生まれる成功、幸福感、興奮を想像してみてください。

48/52

手を伸ばして誰かにふれる

ふれることは命を吹き込むことになる。

――ミケランジェロ（イタリアのルネサンス期の彫刻家、画家）

母親のおなかの中にいるころから、わたしたちは触覚に頼っています。子宮の中にいても外の世界について理解できるのはそのためです。

赤ちゃんが生き延び、成長するためには、ふれてもらうことが必要です。

誰かにふれることはコミュニケーション力を高め、人間関係を強め、ストレスを減らし、幸福度を増すなど、たくさんのメリットをもたらしてくれます。

ですから、触感は、わたしたちが最も長い間持ち続け、年とともにますます頼るようになる感覚だと言っても驚くには当たりません。

ふれることには、ストレスを減らす大きな効果があります。誰かにふれると、血圧が下がり、ストレスホルモンのコルチゾールが減ります。

バージニア大学の研究では、被験者にｆＭＲＩ（機能的磁気共鳴画像法）脳スキャナーの中に横になってもらい、軽いショックを与えるかもしれないと知らせておきました。スキャンの間、恋人に手を握っていてもらった被験者は、脳活動の変化がほとんどないに等しかったのですが、ひとりでスキャンを受けた被験者は脅威とストレスにかかわる神経領域の活動が高まったことがわかりました。（注1）

背中を軽くたたいてもらったり、腕にふれてもらったり、強く抱きしめてもらったりすると、中枢神経系は報酬の感覚を経験します。これは幸福感や喜び、愛情を促します。ノースカロライナ大学の研究によると、たった20秒間でも配偶者やパートナーを頻繁に抱きしめる女性は、オキシトシン――愛と結びつきを促すホルモン――のレベルが上がったという結果が出ています。（注2）

言葉を交わさなくても、ふれるだけで人間関係は強まり、人と人との間の壁を打ち破ることができます。

このように、ふれることは、強力なコミュニケーションの道具なのです。手でふれるだけで、思いやりや愛、元気づけたいという気持ちが伝わり、励まし、感謝を示せます。スキンシップを通して信頼と安心感を伝えることができるのです。

新しい自分になるために今すぐできること

ふれあいは少しずつ

ほかの人とのスキンシップを少しずつ増やすようにしましょう。日常の人間関係でほとんど接触することがないのなら、会話をしているときに相手の腕や手にさわってみましょう。こうした簡単なジェスチャーでも、頻繁にすれば、大きな効果が得られます。

あいさつにハグを取り入れて

出会ったとき、別れるときには、手を振ったりするあいさつもいいですが、軽く抱き合うハグもおすすめです。ビジネスの場面では不適切かもしれませんが、友人やパートナー、家族なら遠慮する必要はありません。

手をつないで感じるのはかけがえのない安心感

パートナーや家族や友人がいるなら、一緒に歩くときに手をつないだり、腕を組んだりしましょう。

ペットをなでてリラックス

ペットを飼っている人なら犬や猫に寄り添い、なでればリラックスし心が落ち着くことを知っているでしょう。これには科学的根拠があります。ペットをなでると、血圧が下がり、免疫機能が上がり、痛みが和らぐのです（注3、4）

子どもとお年寄りには積極的に

本を読んだり、静かに一緒に過ごしたりする間、子どもたちに寄り添って、抱き心地を楽しみましょう。年をとるにつれて、ほかの人とのスキンシップは減る傾向にあります。祖父母や年老いた両親がいる人は、あえてふれることで愛情を示してみましょう。相手と同じだけの恩恵を自分も受けられるということをお忘れなく。

寄り添うことで幸福に

テレビを観たり、本を読んだりする間、パートナーや友人と寄り添いましょう。心から信頼できる相手なら、肩がふれあったりすぐ隣に座ったりすると、幸せな気分が味わえます。

49/52

ほかの人を支え、導く

自分に知識があるのなら、ほかの人のろうそくに火をともさせなさい。
——マーガレット・フラー（アメリカのジャーナリスト）

「メンター」とは仕事や人生における助言者という意味です。もしあなたが「メンター」という言葉が自分に当てはまらないと思うのなら、もう一度考えてみてください。

今までの経験のひとつひとつが、今のあなたを作り上げてきたのです。間違いや失敗、成果や得た知識すべてが、あなたをより良い、そしてより賢い人間にしてきたのです。そうした知恵を伝えることは、ほかの人にとってもあなたにとっても大いに役立ちます。

研究結果によると、ほかの人を助けることによって、メンターも幸福感が増すそうです。それは、ほかの人の問題に集中するということが、不安や落ち込みといった自己中心的な感情とは反対方向に働くためです。困っている人を助けようとすると、わたしたちは自分の障害について考えなくなり、率直で内省的になり、さらに自分自身の状況について新しい見方ができるようになるのです。（注1）

メンターになるとほかへの影響力が大きくなります。ほかの人に刺激ややる気、自信を与える存在になるのです。これはほかの人に大きなメリットをもたらしますが、同時にあなたも目的意識が得られます。価値を認められ、尊敬されていると感じ、ほかの人にプラスの影響を与えていると感じることで、あなた自身の幸福感や自信が増すのです。

メンター側も多くの学びを得るという研究結果が出ています。メンターとなることを通して、他者との親密な関係や信頼を築くだけでなく、対人関係や指導力を調整することができるのです。(注2)

さまざまな背景を持つ人のメンターをすることによって、ほかの文化や生活、環境、そして多様性に対して心を開くことができます。誰かの難しい状況や決断の舵取りを手伝ううちに、自分の分析能力や問題解決能力も磨かれるのです。若い人のメンターをすることで、流行を知ったり、若々しい物の見方を保ったりする効果もあります。

メンターになることは成長や自己啓発の機会にもなります。メンターとして、自分では経験できないような機会、難題、そして恩恵と出会うことができるのです。新しい形で難題を突きつけられ、自分自身や世界について学びを深め、個人として成長することが求められます。

新しい自分になるために今すぐできること

最後まで責任を持って

メンターは、信頼されることが大切。相手は、あなたの指導と支援、それにもちろん時間を当てにします。メンターになる際には、どれだけの時間を割くことができるのかよく考えましょう。できもしない約束をしたり、期待を裏切ったりしてはいけません。

親身になって最高のアドバイスを

相手がなりうる最善の人間になるのを助けることが、目的であることを忘れてはいけません。積極的に耳を傾け、共感を育みましょう。相手が向き合っている問題を解決し、課題を深く掘り下げることができるように準備を整えておいてください。相手の人生や関心事、成果に心から興味を持ち、うまくいかないときにはすぐに手を差し伸べられるようにしておきましょう。いつも柔軟で中立的な態度でのぞんでください。

あなたも誰かに支えてもらいましょう

優れたメンターになるためには、自分も逆の立場から経験することが大切です。受け手になることによって、覚悟と準備が強まります。学びの機会や、さまざまな情報源、業界、人々から知識や経験を身につける機会がないか常にアンテナを張っておきましょう。

50/52

親しい友を持つ

友情はお金のようなもので、儲けるのは簡単だが、持ち続けるのは難しい。
——サミュエル・バトラー（イギリスの作家）

「一方の手の指の数だけ親友がいれば、幸運だと思いなさい」ということわざがあります。「友だち」が何十人、あるいは何百人もいることは大きな価値があるかもしれませんが、たった2、3人でも本物の親友には何物にも代えがたい価値があるのです。

2000年以上も前に、アリストテレスは『ニコマコス倫理学』の第8巻で、友情の哲学について伝えています。その中で、友人を、①役に立つ友人、②楽しい友人、③善良な友人の3つのタイプに分類しています。

①の役に立つ友人は相互の必要や貢献の上に成り立ち、どちらも相手から利益を得ます（たとえば、ビジネス・パートナーやクラスメート、同僚など）。②の楽しい友人は、互いに喜びを見出せる関係の上に成り立っています。たとえば、ユーモアのセンスが似ていたり、共通の関心があったり。③の善良な友人は互いに相手の長所への敬意を持った関係

の上に成り立っています。これには表面的なつながりやその場かぎりのつながりを超えた深い結びつきが伴います。

最初のふたつのタイプの友情は一時的なものであることが多く状況が変わると、関係も消えてしまいがちです。一方、善意にもとづいた友情は、もっと強い土台の上に成り立っているため、時の試練にも耐えます。また最も満足感が得られ、最も価値の高いものになることが多いのです。

深く親密な友人関係は、ストレスを減らす働きもします。ストレスの多い時期に親しい友人がいることで、ストレスホルモンであるコルチゾールのレベルが抑えられるという研究結果も出ています。（注1）親しい友人は、わたしたちのことを一番よく知っていて、わたしたちの幸せに心から関心を持ってくれます。そのため、痛みや病気、ストレスの多い状況に向き合っているときにも、心を落ち着かせ、安心させてくれるのです。

親しい友人と過ごすことには、寿命を延ばし、脳機能を高め、記憶障害を遅らせる効果もあります。2008年に発表されたハーバード大学の研究では、1万6000人以上の被験者を調査した結果、社会的な交流によって記憶障害やその他の認知障害が予防できることがわかっています。（注2）また、国際神経心理学会誌で発表された別の研究によると、非常に活動的な社会生活を送れば、アルツハイマー病のリスクを70パーセント減らすことができるそうです。（注3）

新しい自分になるために今すぐできること

友情には時間と労力をかけましょう

友情を長続きさせるには労力と時間がかかります。特に忙しいときには、会う約束をして意味のある関係のための時間をスケジュールに組み込みましょう。直接会うことができないのなら、電話やメールなど、ほかの方法でつながりましょう。友人がつらい思いをしているときこそ、時間を割き、寄り添って支えるのです。

古い友人こそ宝物

すでにある関係を大切にしましょう。時間をかけて味わい、大きな意味を持つ人と充実した時間を過ごすのです。遠くに住む親しい友人を大切に。近くにいないからといって心の中にいないという意味ではありません。電話やスカイプで、連絡をとり続け、ときには中間地点や相手の住む場所へ行き、できるだけ会う努力をしましょう。

新しい友を探しましょう

まず数よりも質が大切です。新しい友人は慎重に選びましょう。最高の自分になろうという意欲を与えてくれる人、条件をつけずにあなたの情熱や価値を支え、長所だけでなく興味も共有できるような友人を見つけましょう。

言いにくいことを伝えるのも友情

決して気持ちの良いものではありませんが、親しい関係を築くうえで、難題や不快な状況に対処することは大切です。衝突は成長や相手を深く理解するためのチャンスととらえましょう。意見が一致しないときには、相手を尊重し、思いやり、建設的な方法で解決することが大切です。自分がどう感じるかを伝え、同時に心からの関心と気づかいを忘れずに、相手の言葉に耳を傾けましょう。質問をして、友人が言いたいことを理解し、聞いたことを整理して共有しましょう。批判や保身は避けること。自分が間違っていたら、率直にそれを認めましょう。

喜びをともに分かち合って

親しい関係を保つには、つらいときに互いに支え合うことも必要ですが、同じように重要なのは、楽しく前向きな時間をともに過ごすことです。ポジティブな経験を共有すれば、相手との親密度が増し、この先何年間も楽しめるような思い出ができます。一緒に探検し、新しいことを試して、新鮮な関係を保ちましょう。さらに、仕事での昇進から誕生日、人生の大きな出来事まで、お互いに祝ってください。

51/52

過去の悪魔を手放す

あなたの傷を知恵に変えなさい。

――オプラ・ウィンフリー（アメリカの女優・テレビ番組司会者）

わたしたちの過去はポジティブな経験とネガティブな経験の両方からできています。どちらも人生につきものですが、ネガティブな経験（過去のあやまち、心の傷や失望のもとになった不健全な関係など）をうまく記憶から取り除くことができないと、それはすぐに自分の中の「悪魔」に変わって、その後もずっとつきまとうようになります。

こうした悪魔がいると、人生がもたらしてくれるものを楽しめなくなり、行きづまってしまいます。幸せを見つけ、ストレスを減らし、夢を持って前進するためには、悪魔への対応が不可欠なのです。

わたしたちが直面する最大の悪魔のひとつは、過去のあやまちへのこだわりや後悔です。過去のネガティブな出来事を忘れられずにいると、それが現在の自分を決定づけてしまい、未来や可能性を狭めることになるのです。

人間関係から生まれる悪魔もあります。わたしたちの人間関係は――親、きょうだい、友人、学校の友だち、後年には同僚や大切な人との関係など――すべて、ふるまい方やほかの人との接し方に影響を及ぼします。

そうした人間関係の中に不健全なもの、虐待的なもの、機能不全のものがひとつでもあった場合、その結果生じる心の傷や失望は、人生の見方、自分自身についての考え、他者とのかかわり方に多大な悪影響を及ぼす可能性があります。今の現実とは関係のない行動や恐れを生み出すこともあります。

過去のあやまちや不健全な人間関係を思いきって受け入れ、手放してみましょう。

そこから貴重な教訓を得て、将来、同じことを繰り返したり、もっと大きな間違いを犯したりといったことが避けられます。ネガティブな経験に打ち勝ち、乗り越えられれば、それに対処し、やり過ごすことができるのだとわかり、ストレスや逆境にも打たれ強くなります。悪魔に対処することで、わたしたちは強くなり、さまざまな試練に耐える力が育つのです。

新しい自分になるために今すぐできること

まずは存在を認めることから

まず悪魔がそこにいることを認めなければなりません。悪魔の存在を無視し、いないふりをしていると、もっと大きな問題を引き起こします。ネガティブな影響を与えた過去の経験を認め、それがどのようにあなたという人物を作り上げてきたのか考えましょう。

悪魔から学ぶ

過去を忘れるのが難しい理由のひとつは、それが自分に教えてくれた教訓を見落としてしまうからです。過去の否定的な経験から何を学んだのかを考えて書き出してみましょう。過去に対して恨みやネガティブな気持ちを感じ始めたときには、学んだ教訓を見直して、かけがえのない恵みだと思いましょう。

過去の悪魔の手放し方

終わったことは終わったことです。次の方法で否定的なことを忘れましょう。

・感じる（失望や心の傷、痛みに身をまかせましょう。気持ちを抑えてはいけません。泣きたければ泣き、怒りたければ怒りましょう。感情をしっかり味わうことが、忘れる第一歩です）

・許す（自分自身を許す場合でもほかの誰かを許す場合でも、許しのプロセスを積極的に乗り越えましょう）
・客観的に（その感情を追い払うにはどうしたら良いのか考えてみてください）

前を向く

あなたには過去に縛られない力があります。自分の考えをもっと生産的な方向に変えましょう。将来はあなたの現実を作り直すための新しい1章なのだととらえ、人生から得たいと思うものに目を向けましょう。

過去に支配されないで

過去にしがみついていると、自分を制限してしまいます。過去のあやまちを繰り返すのは、①新しいあやまちを犯すことを恐れて、リスクを冒したり、新しいことに挑戦したりしなくなるため、そして②過去にできなかったことをもとに、自分を決めつけてしまうためです。わたしたちは「できない」「すべきでない」「うまくいかない」といった言葉を口にしがちです。過去に支配されてはいけません。どんな人間になりたいのかを考え、それを現実にすることに力を注ぎましょう。

52/52

寛大な心を持つ

自分のためだけにしたことは自分の死とともに消え去る。
しかし、ほかの人や世界のためにしたことは永遠に消え去ることはない。
——アルバート・パイク（アメリカの弁護士）

寛大な心はすばらしい性質で、心身の健康にも良いのです。自分の時間やエネルギー、お金を与えることには、幸福度を増し、落ち込みのリスクやストレスを減らし、人間関係を強める力があります。

結局のところ、わたしたちは生物学的に、寛大な心を持つことでより幸せに感じるようにできています。与えるとき、わたしたちの利他的な行為は、脳の中の喜びや社会的つながり、信頼とかかわる部分を活性化します。（注1）

また、親切な行為は脳内のエンドルフィン（幸せにかかわるホルモン）の分泌とも関連づけられています。こうした生物学的反応は「ヘルパーズ・ハイ」と呼ばれる、落ち着きや幸せの陶酔感を生み出します。（注2）

寛大な心でいると、ストレスが減ることにも気づくでしょう。自分を献身的に捧げるとき、わたしたちの注意はほかの人が必要としていることに向けられ、自分自身のストレスや問題から気持ちがそれるのです。

ほかの人に寛大な心を向けると、自分自身のことを否定的に考えることが減ります。問題を抱えた友人の話に耳を傾けるのでも、同僚にアドバイスをするのでも、ボランティア活動をするのでも、自然に目的意識や自尊心が増し、結果として充足感が得られるのです。

ナショナル・マリッジ・プロジェクトの2011年の報告書によると、幸せな結婚の大きな要因は寛大さだということです。愛情や許しを示すことから、朝1杯のコーヒーをいれることまでどんなことでも、パートナーが相手に「良いものを惜しみなくふんだんに」与えると、それは結果的に意味深いものになります。

寛大さを与えたり受け取ったりすることから判定される寛大さの点数が高い夫や妻の場合、結婚生活において幸せだと感じる割合が、少なくとも32パーセント高く、離婚率も低い傾向にあるそうです。(注3)

新しい自分になるために今すぐできること

最も身近な人に心を配りましょう

あなたの生活にかかわる多くの人が、あなたの優しさや思いやり、寛大さを必要としています。あなたにとって最も近い人に注意を払い、役に立てる機会を探しましょう。家族に高齢者がいて、家の中の用事をするのに助けを必要としているかもしれません。あるいは手術を受けた近所の人が、食料品の買い物やその他の用事でちょっとした手伝いが必要かもしれません。機会を探せば、愛情や力になりたいという気持ちを示す方法はいつでも見つかるはずです。

すすんでサポートしましょう

愛情や寛大さは行動によって最も効果的に示されます。誰かを支え、愛し、そばに寄り添うと口にすることは大切な一歩ですが、さらに、それが本気であることを示す方法を探しましょう。あなたの助けが必要なのに、プライドや内気さ、助けを求める気まずさが邪魔をして言い出せないような人がいたら、率先して助けになることを見つけましょう。

愛情深い人たちに囲まれて

特定のタイプの人と過ごす時間が増えると、その人に似てくる傾向があります。寛大さは特に伝染性の高いものです。寛大で愛情深い人に囲まれるようにすれば、その温かい人間性があなたに大きな影響を与えてくれます。

与えるだけでなく受け取ることも大切

わたしたちの多くは与えることは上手でも、ほかの人の寛大さを受け取ることはためらってしまいがちです。しかし、ほかの人から寛大さを受け取ることも同じように重要なのです。ほかの人からの助けや寛大さを受けることに抵抗を感じるときには、自分が誰かを助けるときにどう感じるかを思い出しましょう！　ほかの人の寛大さに心を開き、あなたも支えを受け入れるようにしましょう。

チェックリスト

52の習慣をすべて順番どおり完璧にこなしていく必要はありません。まずは試してみることが大切。チェックをつけていくことで、達成感を味わうことができます。10個チェックがついたら自分にごほうびをあげるなど、ルールを決めるのも楽しいですね。

PART 1
ささやかな幸せに気づく

- □ 1 日記をつける
- □ 2 音楽を聴く
- □ 3 毎日できるだけたくさん笑う
- □ 4 読書を楽しむ
- □ 5 しっかり休憩をとる
- □ 6 小さなことに感謝する
- □ 7 物より経験にお金をかける
- □ 8 自分にごほうびを与える
- □ 9 本物の自信を築く
- □ 10 つらいときは助けを求める
- □ 11 旅に出る
- □ 12 手仕事をいつくしむ
- □ 13 心と空間の片づけをする

PART 2
最高の毎日をつくりあげる

- □ 14 自分だけの目標を作る
- □ 15 やることリストを作る
- □ 16 マルチタスクは禁止
- □ 17 決断できる人になる
- □ 18 コンフォート・ゾーンから抜け出す
- □ 19 声を上げて自分を表現する

□ 20 時間の箱を作る
□ 21 生涯、学び続ける
□ 22 創造力を養う
□ 23 やるべきことの予定を立てる
□ 24 暮らしに遊びを取り入れる
□ 25 目的をはっきりさせる
□ 26 脳のトレーニングをする

PART 3 すこやかな自分に出会う

□ 27 瞑想を取り入れる
□ 28 コーヒーより緑茶を飲む
□ 29 マッサージで心と体をほぐす
□ 30 静寂を求める
□ 31 体に良い油をとる
□ 32 ぐっすり眠る
□ 33 スクリーンタイムを減らす
□ 34 身体を動かす
□ 35 フルーツと野菜で脳の働きを高める
□ 36 なるべく屋外で過ごす
□ 37 匂いを楽しむ
□ 38 ストレスを消す儀式を作る
□ 39 脳に有害な食べ物を避ける

PART 4 美しい心で人生に向き合う

□ 40 ほかの人と比べない
□ 41 ほかの人の長所に目を向ける
□ 42 自分を責めない
□ 43 心を開く
□ 44 タイムアウトをとる
□ 45 新しい経験に「イエス」と言う
□ 46 世間話はやめる
□ 47 恐れと向き合う
□ 48 手を伸ばして誰かにふれる
□ 49 ほかの人を支え、導く
□ 50 親しい友を持つ
□ 51 過去の悪魔を手放す
□ 52 寛大な心を持つ

出典

★ 1
注 1. Maria Christine Graf et al., "Written Emotional Disclosure: A Controlled Study of the Benefits of Expressive Writing Homework in Outpatient Psychotherapy（感情を書き表すこと：外来患者の心理療法における感情を書き表す宿題の効果についての比較研究）," *Psychotherapy Research* 18, no. 4 (2008): 389–99, doi:10.1080/10503300701691664.

★ 2
注 1. David B. Chamberlain, "Prenatal Stimulation: Experimental Results（出生前の刺激：実験結果）," *Birth Psychology*, 2012 年 6 月 20 日閲覧, http://birthpsychology.com/free-article/prenatal-stimulation-experimental-results.
注 2. F. Rene Van de Carr and Marc Lehrer, "Enhancing Early Speech, Parental Bonding, and Infant Physical Development Using Prenatal Intervention in a Standard Obstetrical Practice（一般的な産科での出生前介入を使って早期の発話能力、親との結び付き、幼児の身体発育を高める）," *Pre- & Perinatal Psychology Journal* 1, no. 1 (1986): 20–30.

★ 3
注 1. Tara L. Kraft and Sarah D. Pressman, "Grin and Bear It: The Influence of Manipulated Facial Expression on the Stress Response（笑って耐える：表情のコントロールによるストレス反応への影響）," *Psychological Science* 23, no. 11 (2012): 1372–1378. http://pss.sagepub.com/content/early/2012/09/23/0956797612445312.
注 2. Chris L. Kleinke et al., "Effects of Self-Generated Facial Expressions on Mood（自然に生まれる表情が心的状態に与える影響）," *Journal of Personality and Social Psychology* 74 (1998): 272–279.

★ 4
注 1. Anne E. Cunningham and Keith E. Stanovich, "What Reading Does for the Mind（読書が心に与える影響）," *Journal of Direct Instruction* 1, no. 2 (2001): 137–149.
注 2. "Reading 'Can Help Reduce Stress（読書が「ストレスを減らす」）,'" *Telegraph*, 2014 年 3 月 1 日閲覧, http://www.telegraph.co.uk/health/healthnews/5070874/Reading-can-helpreduce- stress.html.

★ 5
注 1. Atsunori Ariga and Alejandro Lleras, "Brief and Rare Mental 'Breaks' Keep You Focused: Deactivation and Reactivation of Task Goals Preempt Vigilance Decrements（短い心の「休息」が集中力を保つ：タスク目標の不活性化と再活性化が注意力低下を食い止める）," *Cognition* 118, no. 3 (2011): 439–43, doi:10.1016/j.cognition.2010.12.007.
注 2. Linda Mclean et al., "Computer Terminal Work and the Benefit of Microbreaks（コンピューター端末作業と短い休憩の効果）," *Applied Ergonomics* 32, no. 3 (2001): 225–37.

★ 6
注 1. Monica Y. Bartlett and David DeSteno, "Gratitude and Prosocial Behavior: Helping When It Costs You（感謝と向社会的行動：犠牲を払うときの助け）," *Psychological Science* 17, no. 4 (2006): 319–325.
注 2. Alex M. Wood et al., "Gratitude and Well-Being: A Review and Theoretical Integration(感謝と幸福:説明と理論的統合)," *Clinical Psychology Review* 30, no. 7 (2010): 890–905.
注 3. Alex M. Wood et al., "Gratitude Influences Sleep through the Mechanism of Pre-Sleep Cognitions（感謝は睡眠前の認知メカニズムを通して睡眠に影響を与える）," *Journal of Psychosomatic Research* 66, no. 1 (2009): 43–48.
注 4. Sara Algoe et al., "It's the Little Things: Everyday Gratitude as a Booster Shot for Romantic Relationships（小さなこと：毎日の感謝はロマンチックな関係のカンフル剤）," *Personal Relationships* 17 (2010): 217–233.
注 5. Robert Emmons and Michael McCullough, "Counting Blessings versus Burdens: An Experimental Investigation of Gratitude and Subjective Well- Being in Daily Life（重荷 vs. 恩恵：日常生活における感謝と主観的幸福の実験的研究）," *Journal of Personality and Social Psychology* 84, no. 2 (2003): 377–389.

★ 7
注 1. Leaf Van Boven and Thomas Gilovich, "To Do or to Have? That Is the Question（やるべきか持つべきか？　それが問題だ）," *Journal of Personality and Social Psychology* 85, no. 6 (2003): 1193–1202.
注 2. Peter A. Caprariello and Harry T. Reis, "To Do, to Have, or to Share? Valuing Experiences over Material Possessions Depends on the Involvement of Others（やるべきか、持つべきか、それとも分かち合うべきか？　物的財産よりも経験を重視することは他者の関与次第で決まる）," *Journal of Personality and Social Psychology* 104, no. 2 (2013): 199–215.
注 3. Thomas DeLeire and Ariel Kalil, "Does Consumption Buy Happiness? Evidence from the United States（消費によって幸せは得られるか？　アメリカからの証拠）," *International Review of Economics* 57, no. 2 (2010): 163–176.

★ 8
注 1. "Motivating People: Getting Beyond Money（やる気を起こさせる：金を超えて）," June 2009 McKinsey Global Survey.

2014 年 4 月 5 日閲覧 , http://www.mckinsey.com/insights/organization/motivating_people_getting_beyond_money.

★ 11

注 1．"Expedia Vacation Deprivation Study 2012（エクスペディア社による休暇未消化についての研究 2012 年）," *Expedia*, p. 53, 2014 年 3 月 21 日 閲 覧 , http://media.expedia.com/media/content/expus/graphics/other/pdf/Expedia-VacationDeprivation2012.pdf.

注 2．Colette Fabrigoule et al., "Social and Leisure Activities and Risk of Dementia: A Prospective Longitudinal Study（社会・レクリエーション活動と認知症のリスク：長期にわたる研究）," *Journal of the American Geriatrics Society* 43, no. 5 (1995): 485–90.

★ 12

注 1．Kelly Lambert, *Lifting Depression: A Neuroscientist's Hands-On Approach to Activating Your Brain's Healing Power* (New York: Basic Books, 2008), 7, 33.

注 2．同上（『うつは手仕事で治る！―なぜ昔の人はうつにならなかったのか』ケリー・ランバート著、木村博江訳、飛鳥新社、2011 年）

注 3．Christopher A. Lowry et al., "Identification of an Immune-Responsive Mesolimbocortical Serotonergic System: Potential Role in Regulation of Emotional Behavior（免疫反応によるセロトニン作動システムの発見：感情行動を制御する可能性）," *Neuroscience* 146, no. 2 (2007): 756–72.

★ 13

注 1．Stephanie A. McMains and Sabine Kastner, "Interactions of Top-Down and Bottom-Up Mechanisms in Human Visual Cortex（人間の視覚野におけるトップダウンとボトムアップ・メカニズムの相互作用）," *Journal of Neuroscience* 31, no. 2 (2011): 587597, doi:10.1523/JNEUROSCI.3766-10.2011.

注 2．Mervin Blair et al., "The Role of Age and Inhibitory Efficiency in Working Memory Processing and Storage Components（作業記憶の処理と保存における年齢の役割と阻害効率）," *Quarterly Journal of Experimental Psychology* 64, no. 6 (2011): 1157–1172, doi:10.1080/17470218.2010.540670.

★ 15

注 1．Nancy Kalish, "Health Lessons from Your To-Do List（やることリストに学ぶ健康のレッスン）," *Prevention* 61, no. 7 (2009): 76–78.

★ 16

注 1．Eyal Ophir et al., "Cognitive Control in Media Multitaskers（メディア・マルチタスカーにおける認知制御）," *Proceedings of the National Academy of Sciences* 106:37 (2009): 15583–15587.

注 2．Joshua S. Rubinstein et al., "Executive Control of Cognitive Processes in Task Switching（タスク切り替えにおける認知処理の実行管理）," *Journal of Experimental Psychology: Human Perception and Performance* 27, no. 4 (2001): 763–797.

注 3．Zheng Wang and John M. Tchernev, "The 'Myth' of Media Multitasking: Reciprocal Dynamics of Media Multitasking, Personal Needs, and Gratifications（メディア・マルチタスキングの「神話」：メディア・マルチタスキング、個人的ニーズ、満足感の相互関係）," *Journal of Communication* 62, no. 3 (2012): 493–513.

★ 19

注 1．Marcus Mund and Kristin Mitte, "The Costs of Repression: A Meta-Analysis on the Relation between Repressive Coping and Somatic Diseases（抑圧の代償：抑圧的な対処と身体の病気との関係のメタ分析）," *Health Psychology* 31, no. 5 (2012): 640–649, doi:10.1037/a0026257.

★ 21

注 1．Pasko Rakic, "Neurogenesis in Adult Primate Neocortex: An Evaluation of the Evidence（成熟した霊長類の新皮質におけるニューロン新生：兆候の評価）," *Nature Reviews Neuroscience* 3, no. 1 (2002): 65–71.

注 2．Peter S. Eriksson et al., "Neurogenesis in the Adult Human Hippocampus（成人の海馬におけるニューロン新生）," *Nature Medicine* 4 (1998): 1313–1317.

★ 22

注 1．Susan H. McFadden and Anne D. Basting, "Healthy Aging Persons and Their Brains: Promoting Resilience through Creative Engagement（健康的な高齢者とその脳：創造的活動を通して回復力を高める）," *Clinical Geriatric Medicine* 26, no. 1 (2010): 149–61.

★ 25

注 1．Alvaro Pascual-Leone et al., "The Plastic Human Brain Cortex（人間の柔軟な大脳皮質）," *Annual Review of*

Neuroscience 28 (2005): 377-401.
★ 26
注1. Sherry L. Willis et al., "Long-term Effects of Cognitive Training on Everyday Functional Outcomes in Older Adults（認知力トレーニングが高齢者の日常機能転帰に及ぼす長期的な影響）," *Journal of the American Medical Association* 296, no. 23 (2006): 2805-2814.
注2. Susanne M. Jaeggi et al., "Improving Fluid Intelligence with Training on Working Memory（作業記憶の訓練によって流動性知能を向上させる）," *Proceedings of the National Academy of Sciences of the United States of America* 105, no. 19 (2008): 6829-6833.
注3. Susan M. Landau et al., "Association of Lifetime Cognitive Engagement and Low β -Amyloid Deposition（生涯にわたって認知機能を働かせることと低アミロイドβタンパク質蓄積との関係）," *Archives of Neurology* 69, no. 5 (2012): 623-629.
注4. Joe Hardy et al., "Enhancing Visual Attention and Working Memory with a Web-Based Cognitive Training Program（インターネット上の認知力トレーニングプログラムで視覚注意力と作業記憶を高める）," *Mensa Research Journal* 42, no. 2 (2011): 13-20.
注5. Adele Diamond and Kathleen Lee, "Interventions Shown to Aid Executive Function Development in Children 4 to 12 Years Old（4～12歳の子どもの実行機能発達を助ける治療介入）," *Science* 333, no. 6045 (2011): 959-964.
★ 27
注1. Britta K. Holzel et al., "Mindfulness Practice Leads to Increases in Regional Brain Gray Matter Density（気づきの実践が局部的に脳灰白質の密度を高める）," *Psychiatry Research: Neuroimaging* 191, no. 1 (2011): 36-43.
注2. David Levy and Jacob Wobbrock, "The Effects of Mindfulness Meditation Training on Multitasking in a High-Stress Information Environment（気づきの瞑想のトレーニングがストレスの多い情報環境におけるマルチタスキングに与える影響）," *Proceedings of Graphics Interface* (2012): 45-52.
★ 28
注1. Gang Hu, Siamak Bidel, et al., "Coffee and Tea Consumption and the Risk of Parkinson's Disease（コーヒー・茶の摂取量とパーキンソン病のリスク）," *Movement Disorders* 22, no. 15 (2007): 2242-2248.
注2. Y. Wang, M. Li, et al., "Green Tea epigallocatechin-3-gallate (EGCG) Promotes Neural Progenitor Cell Proliferation and Sonic Hedgehog Pathway Activation during Adult Hippocampal Neurogenesis（緑茶のエピガロカテキン3没食子酸塩（EGCG）が神経前駆細胞の増殖と成人の海馬における神経新生中のソニック・ヘッジホッグの活性化経路を促進する）," *Molecular Nutrition and Food Research* 56, no. 8 (2012): 1292-1303.
注3. "New Treatments Prevent Brain Injury Hours After Stroke in Rats（新しい治療が脳卒中から数時間後のラットの脳の損傷を防ぐ）," University of California - San Francisco, 2013年12月12日閲覧, http://www.eurekalert.org/pub_releases/2006-12/uoc--ntp122806.php.
注4. Shinichi Kuriyama et al., "Green Tea Consumption and Cognitive Function: A Cross-Sectional Study from the Tsurugaya Project（高齢者における緑茶と認知機能との関連について、鶴ヶ谷プロジェクトより）," *American Journal of Clinical Nutrition* 83, no. 2 (2006): 355-361.
注5. Shinichi Kuriyama et al., "Green Tea Consumption Is Associated with Lower Psychological Distress in a General Population: The Ohsaki Cohort 2006 Study（緑茶摂取と心理的苦痛の関連について、大崎市民コホート研究2006年）," *American Journal of Clinical Nutrition* 90, no. 5 (2009): 1390-1396.
注6. Niu Kaijun Niu et al., "Green Tea Consumption Is Associated with Depressive Symptoms in the Elderly（緑茶摂取と高齢者の抑うつ症状との関連について）," American Journal of Clinical Nutrition 90, no. 6 (2009): 1615-1622.
注7. Anna Christina Nobre et al., "L-theanine, a Natural Constituent in Tea, and Its Effect on Mental State（茶の天然成分テアニンの精神状態への影響）," *Asia Pacific Journal of Clinical Nutrition* 17, no. 1 (2008): 167-168.
注8. Gail N. Owen et al., "The Combined Effects of L-theanine and Caffeine on Cognitive Performance and Mood（テアニンとカフェインが認知能力と心的状態に及ぼす複合効果）," *Nutritional Neuroscience* 11, no. 4 (2008): 193-198.
注9. Simon P. Kelly et al., "L-Theanine and Caffeine in Combination Affect Human Cognition as Evidenced by Oscillatory Alpha-Band Activity and Attention Task Performance 1-3（振動性のアルファ帯域活動と注意力タスク能力が裏づけるテアニンとカフェインの人間の認知力に対する複合効果）," *Journal of Nutrition* 138, no. 8 (2008): 1572S-1577S.
★ 29
注1. S. S. Lennox et al., "The Effect of Exercise on Normal Mood（通常の気分に対する運動の影響）," *Journal of*

Psychosomatic Research 34, no. 6 (1990): 629–636.
注2 Stewart G. Trost, "Active Education: Physical Education, Physical Activity and Academic Performance（活動的な教育：体育、身体活動と学力）," *Active Living Research* (2007): 1–3.
注3. 同上
注4. Ana C. Pereira et al., "An in vivo Correlate of Exercise-Induced Neurogenesis in the Adult Dentate Gyrus（成人の歯状回における運動誘発型のニューロン新生の体内での相関）," *Proceedings of the National Academy of Sciences USA* 104 (2007): 5638–5643.
★ 30
注1. Staffan Hygge et al., "The Munich Airport Noise Study: Cognitive Effects on Children from Before to After the Change Over of Airports（ミュンヘン空港の騒音研究：空港移転前後の子どもたちへの認識作用）," in *Proceedings of Inter-Noise '96 (Book 5)* (Liverpool, UK: Institute of Acoustics, 1996), 2189–92.
注2. V. J. Konenci, "The Mediation of Aggressive Behavior: Arousal Level versus Anger and Cognitive Labeling（攻撃的行動の仲介：覚醒水準対怒りと認識のラベル付け）," *Journal of Personality and Social Psychology* 32 (1975): 706–712.
★ 31
注1. Sandra Kalmijn et al., "Dietary Intake of Fatty Acids and Fish in Relation to Cognitive Performance at Middle Age（脂肪酸と魚の食事摂取と中年の認知能力の関係）," *Neurology* 62, no. 2 (2004): 275–280, doi:10.1212/01.WNL.0000103860.75218.A5.
注2. W. L. Chung et al., "Fish Oil Supplementation of Control and (n-3) Fatty Acid-Deficient Male Rats Enhances Reference and Working Memory Performance and Increases Brain Regional Docosahexaenoic Acid Levels,（脂肪酸不足のオスのラットに魚油を補充すると、参照記憶と作業記憶の働きが高まり、脳の局所的なドコサヘキサエン酸のレベルが増す）" *Journal of Nutrition* 138, no. 6 (2008): 1165–1171.
注3. Alec Coppen and Christina Bolander-Gouaille, "Treatment of Depression: Time to Consider Folic Acid and Vitamin B12（うつ病の治療：葉酸とビタミン B12 についての検討）," *Journal of Psychopharmacology* 19, no. 1 (2005): 59–65.
注4. Olivia L. Okereke et al., "Dietary Fat Types and 4-Year Cognitive Change in Community-Dwelling Older Women（地域社会に暮らす高齢の女性における食事由来の油脂の種類と 4 年間の認知能力の変化）," *Annals of Neurology* 72 (2012): 124–134, doi:10.1002/ana.23593.
注5. Mitch Kanter et al., "Exploring the Factors That Affect Blood Cholesterol and Heart Disease Risk: Is Dietary Cholesterol as Bad for You as History Leads Us to Believe?（血中コレステロール値と心臓病のリスクに影響を与える要因を探る：長年言われてきたほど食事由来のコレステロールは体に悪いのだろうか？）" *Advances in Nutrition* 3, no. 5 (2012): 711–717, doi:10.3945/an.111.001321.
★ 32
注1. "Sleep Disorders and Sleep Deprivation: An Unmet Public Health Problem（睡眠障害と睡眠不足：公衆衛生プログラムの問題点）," Institute of Medicine, 2014 年 5 月 12 日閲覧 , http://www.ncbi.nlm.nih.gov/books/NBK19961.
注2. Francesco P. Cappuccio et al., "Sleep Duration Predicts Cardiovascular Outcomes: A Systematic Review and Meta-Analysis of Prospective Studies（睡眠時間が心臓血管転帰を予測する：前向き研究の系統的な検討とメタ分析）," *European Heart Journal* 32, no. 12 (2011): 1484–1492, doi:10.1093/eurheartj/ehr007.
注3. S. H. Onen et al., "Prevention and Treatment of Sleep Disorders through Regulation of Sleeping Habits（睡眠習慣の制御による睡眠障害の予防と治療）," *Presse Medicale* 23, no. 10 (1994): 485–489.
注4. Kathryn J. Reid et al., "Aerobic Exercise Improves Self-Reported Sleep and Quality of Life in Older Adults with Insomnia（エアロビクスが不眠症の高齢者が自己申告する睡眠と生活の質を向上させる）," *Sleep Medicine* 11, no. 9 (2010): 934–940, doi:10.1016/j.sleep.2010.04.014.
★ 33
注1. Edward L. Swing et al., "Television and Video Game Exposure and the Development of Attention Problems（テレビとゲームに費やす時間と注意障害の発生）," *Pediatrics* 126, no. 2 (2010): 214–221, doi:10.1542/peds.2009-1508.
注2. Sarah Thomee, "ICT Use and Mental Health in Young Adults: Effects of Computer and Mobile Phone Use on Stress, Sleep Disturbances, and Symptoms of Depression（青少年における情報通信技術と心の健康：コンピューターや携帯電話がストレス、睡眠障害、うつ病の症状に及ぼす影響）" (博士課程論文、ヨーテボリ大学、2012 年).
★ 34
注1. Tiffany Field et al., "Pregnant Women Benefit from Massage Therapy（マッサージ療法が妊娠中の女性に及ぼす効果）,"

Journal of Psychosomatic Obstetrics and Gynecology 20 (1999): 31–38.

注2．Tiffany Field et al., "Cortisol Decreases and Serotonin and Dopamine Increase Following Massage Therapy（マッサージ療法後のコルチゾールの減少、セロトニンとドーパミンの増加）," *International Journal of Neuroscience* 115, no. 10 (2005): 1397–413.

注3．Melodee Harris et al., "The Effects of Slow-Stroke Back Massage on Minutes of Nighttime Sleep in Persons with Dementia and Sleep Disturbances in the Nursing Home: A Pilot Study（就寝前に背中を大きくゆっくりとマッサージすることが認知症や睡眠障害患者に及ぼす影響：予備的研究）," *Journal of Holistic Nursing* 30, no. 4 (2012): 255–63, doi:10.1177/0898010112455948.

注4．Sheleigh Lawler and Linda D. Cameron, "A Randomized, Controlled Trial of Massage Therapy as a Treatment for Migraine（片頭痛の治療としてのマッサージ療法無作為対照試験）," *Annals of Behavioral Medicine* 32, no. 1 (2006): 50–59.

★35

注1．Elizabeth E. Devore et al., "Dietary Intakes of Berries and Flavonoids in Relation to Cognitive Decline（ベリー類とフラボノイドの食事摂取と認知力低下との関係）," *Annals of Neurology* 72, no. 1 (2012): 135–43, doi:10.1002/ana.23594.

注2．Paula C. Bickford et al., "Antioxidant-Rich Diets Improve Cerebellar Physiology and Motor Learning in Aged Rats（抗酸化物質の多い食事が高齢のラットの小脳の生理機能と運動学習を促進する）," *Brain Research* 866, no. 1–2 (2000): 211–217, http://dx.doi.org/10.1016/S0006-8993(00)02280-0.

注3．John P. Docherty et al., "A Double-Blind, Placebo-Controlled, Exploratory Trial of Chromium Picolinate in Atypical Depression: Effect on Carbohydrate Craving（非定型うつ病におけるクロミウム・ピコリネートの二重盲式プラセボ対照実験：炭水化物渇望への影響）," *Journal of Psychiatric* 11, no. 5 (2005): 302–314.

★36

注1．Darryl Eyles et al., "Vitamin D3 and Brain Development（ビタミンD3と脳の発達）," *Neuroscience* 118, no. 3 (2003): 641–653.

注2．Allen T. G. Lansdowne and Stephen C. Provost, "Vitamin D3 Enhances Mood in Healthy Subjects during Winter（ビタミンD3が健康な被験者の冬期の気分を高める）," *Psychopharmacology (Berl)* 135, no. 4 (1998): 319–23.

★37

注1．Sioh Kim et al., "The Effect of Lavender Oil on Stress, Bispectral Index Values, and Needle Insertion Pain in Volunteers(ラベンダーオイルがストレス、バイスペクトル指標値、針の挿入による痛みに与える影響）," *Journal of Alternative and Complementary Medicine* 17, no. 9 (2011): 823–826; Sun-Young Lee, "The Effect of Lavender Aromatherapy on Cognitive Function, Emotion, and Aggressive Behavior of Elderly with Dementia（ラベンダーを使ったアロマテラピーが認知症の高齢者の認知機能、感情、攻撃的行動に与える影響）," *Taehan Kanho Hakhoe Chi* 35, no. 2 (2005, April): 303–12; George T. Lewith et al., "A Single-Blinded, Randomized Pilot Study Evaluating the Aroma of Lavandula Angustifolia as a Treatment for Mild Insomnia（軽い不眠症の治療法としてのラベンダーの香りの評価に関する単盲検無作為予備研究）," *Journal of Alternative and Complementary Medicine* 11, no. 4 (2005, August): 631–7; Inn-Sook Lee and Gyung-Joo Lee, "Effects of Lavender Aromatherapy on Insomnia and Depression in Women College Students（ラベンダーを使ったアロマテラピーが女子大生の不眠症や抑うつ症に及ぼす影響）," *British Journal of Pharmacology* 128, no. 2 (1999, September): 380–4; Payam Sasannejad et al., "Lavender Essential Oil in the Treatment of Migraine Headache: A Placebo-Controlled Clinical Trial（片頭痛の治療におけるラベンダー・エッセンシャルオイル：プラセボ対照臨床試験）," *European Neurological Journal* 67, no. 5 (2012): 288–91.

注2．Mark Moss et al., "Aromas of Rosemary and Lavender Essential Oils Differentially Affect Cognition and Mood in Healthy Adults（ローズマリーとラベンダーのエッセンシャルオイルが健康な成人の認知力と気分に及ぼす効果の違い）," *International Journal of Neuroscience* 113, no. 1 (2003): 15–38.

★39

注1．Rahul Agrawal and Fernando Gomez-Pinilla, "'Metabolic Syndrome' in the Brain: Deficiency in Omega-3 Fatty Acid Exacerbates Dysfunctions in Insulin Receptor Signalling and Cognition（脳のメタボリックシンドローム：オメガ3脂肪酸不足がインスリン受容体のシグナル伝達と認識の機能不全を悪化させる）," *Journal of Physiology* 590, no. 10 (2012): 2485–99, doi:10.1113/jphysiol.2012.230078.

注2．Alexandra J. Fiocco et al., "Sodium Intake and Physical Activity Impact Cognitive Maintenance in Older Adults: The NuAge Study（ナトリウム摂取と身体活動高齢者の認知機能維持に及ぼす影響）," *Neurobiology of Aging* 33, no. 4

(2012): 829.e21-8, doi:10.1016/j.neurobiolaging.2011.07.004.
注3．Gene L. Bowman et al., "Nutrient Biomarker Patterns, Cognitive Function, and MRI Measures of Brain Aging（栄養の生物指標パターン、認知機能、脳の老化のMRI測定）," *Neurology* 78, no. 4 (2012): 24-249, doi:10.1212/WNL.0b013e3182436598.
注4．Russell L Blaylock, *Excitotoxins: The Taste That Kills* (Santa Fe: Health Press, 1997).
★41
注1．Paul Rozin and Edward B. Royzman, "Negativity Bias, Negativity Dominance, and Contagion（マイナス思考のバイアス、優勢、伝染）," *Personality and Social Psychology Review* 5, no. 4 (2001): 296-320.
★42
注1．Erik J. Giltay et al., "Dispositional Optimism and the Risk of Depressive Symptoms during 15 Years of Follow-Up: The Zutphen Elderly Study（15年の経過観察中の特性的楽観と抑うつ症状のリスク）," *Journal of Affective Disorders* 91 (2006): 45.
★46
注1．Matthias R. Mehl et al., "Eavesdropping on Happiness: Well-Being Is Related to Having Less Small Talk and More Substantive Conversations（幸せの盗み聞き：幸せは世間話を減らし、内容の濃い会話を増やすことと関連する）," *Psychological Science* 21 (2010): 539-541.
★48
注1．James A. Coan et al., "Lending a Hand: Social Regulation of the Neural Response to Threat（手を貸す：脅威への神経反応の社会的規制）," *Psychological Science* 17, no. 12 (2006): 1032-9.
注2．Kathleen C. Light et al., "More Frequent Partner Hugs and Higher Oxytocin Levels Are Linked to Lower Blood Pressure and Heart Rate in Premenopausal Women（閉経前の女性におけるパートナーが抱きしめる頻度とオキシトシン・レベルの上昇と血圧と心拍数低下との関係）," *Biological Psychology* 69, no. 1 (2005): 5-21.
注3．Eija Bergroth et al., "Respiratory Tract Illnesses During the First Year of Life: Effect of Dog and Cat Contacts（生後1年以内の気道疾患：犬猫と触れ合うことの効果）," *Pediatrics* 130, no. 2 (2012): 211-20, doi:10.1542/peds.2011-2825.
注4．Julia K. Vormbrock and John M. Grossberg, "Cardiovascular Effects of Human-Pet Dog Interactions（人間と飼い犬の交流が心血管系に及ぼす影響）," *Journal of Behavioral Medicine* 11, no. 5 (1988): 509-517.
★49
注1．Carolyn Schwartz et al., "Altruistic Social Interest Behaviors Are Associated with Better Mental Health（利他的な社会のための行動と心の健康の向上との関係）," *Psychosomatic Medicine* 65, no. 5 (2003): 778-785, doi:10.1097/01.PSY.0000079378.39062.D4.
注2．K. N. Rekha and M. P. Ganesh, "Do Mentors Learn by Mentoring Others?（メンターは他の人を指導することによって学べるのか？）" *International Journal of Mentoring and Coaching in Education* 1, no. 3 (2012): 205-217.
★50
注1．Ryan E. Adams et al., "The Presence of a Best Friend Buffers the Effects of Negative Experiences（親友の存在が否定的な経験の影響を和らげる）," *Developmental Psychology* 47, no. 6 (2011): 1786-1791.
注2．Karen A. Ertel et al., "Effects of Social Integration on Preserving Memory Function in a Nationally Representative US Elderly Population（社会的交流が典型的なアメリカの高齢者層の記憶機能の維持に及ぼす影響）," *American Journal of Public Health* 98, no. 7 (2008): 1215-1220.
注3．Bryan D. James et al., "Late-Life Social Activity and Cognitive Decline in Old Age（高齢期の社会的活動と認知機能低下）," *Journal of the International Neuropsychological Society* 17, no. 6 (2011): 998-1005.
★52
注1．Jorge Moll et al., "Human Fronto-Mesolimbic Networks Guide Decisions about Charitable Donation（人間の内側前頭前皮質機能が慈善寄付の意思決定の指針となる）," *Proceedings of the National Academy of Sciences* 103, no. 42 (2006): 15623-15628, doi:10.1073/pnas.0604475103.
注2. Allan Luks and Peggy Payne, *The Healing Power of Doing Good: The Health and Spiritual Benefits of Helping Others* (New York: iUniverse.com, 2001).
注3．"The State of Our Unions: Marriage in America 2011（わたしたちの結び付き：アメリカにおける結婚2011年）," National Marriage Project and the Institute for American Values, 2014年5月2日閲覧, http://nationalmarriageproject.org/wp-content/uploads/2012/05/Union_2011.pdf.

1週間に1つずつ。
毎日の暮らしが輝く52の習慣

発行日　2016年 7 月15日　第1刷
　　　　2017年 6 月15日　第9刷

Author　ブレット・ブルーメンソール
Translator　手嶋 由美子（翻訳協力：株式会社トランネット）＆ディスカヴァー
Book Designer　米谷知恵

Publication　株式会社ディスカヴァー・トゥエンティワン
〒102-0093 東京都千代田区平河町 2-16-1 平河町森タワー 11F
TEL　03-3237-8321（代表）
FAX　03-3237-8323
http://www.d21.co.jp

Publisher　干場弓子
Editor　石橋和佳

Marketing Group
Staff　小田孝文　井筒浩　千葉潤子　飯田智樹　佐藤昌幸　谷口奈緒美　西川なつか　古矢薫　原大士　蛯原昇　安永智洋　鍋田匠伴　榊原僚　佐竹祐哉　廣内悠理　梅本翔太　奥田千晶　田中姫菜　橋本莉奈　川島理　渡辺基志　庄司知世　谷中卓

Assistant Staff　俵敬子　町田加奈子　丸山香織　小林里美　井澤徳子　藤井多穂子　藤井かおり　葛目美枝子　伊藤香　常徳すみ　鈴木洋子　住田智佳子　内山典子　谷岡美代子　石橋佐知子　伊藤由美

Productive Group
Staff　藤田浩芳　千葉正幸　原典宏　林秀樹　三谷祐一　大山聡子　大竹朝子　堀部直人　井上慎平　林拓馬　塔下太朗　松石悠　木下智尋

E-Business Group
Staff　松原史与志　中澤泰宏　中村郁子　伊東佑真　牧野類　伊藤光太郎

Global & Public Relations Group
Staff　郭迪　田中亜紀　杉田彰子　倉田華　鄧佩妍　李瑋玲　イエン・サムハマ

Operations & Accounting Group
Staff　山中麻吏　吉澤道子　小関勝則　池田望　福永友紀

Proofreader & DTP　朝日メディアインターナショナル株式会社
Printing　株式会社シナノ

・Photo credit　cover ©Hoxton P3 ©Andreas von Einsiedel/P10,11 ©Emely/cultura/Image Source/P25 ©Hero Images/P49 ©Radius Images/P70,71 ©caiaimage/P91 ©CI2/P126,127 ©hi-bi/P139 ©Radius Images/P153 ©Steven Errico/ P175 ©caiaimage/P182,183 ©Katsuhiko Kato/P213 ©MIXA CO., LTD/P227 ©CI2　by amanaimages

ISBN 978-4-7993-1923-9　© Discover21,Inc., 2016, Printed in Japan.